U1012874

西部农民工工伤赔偿实证研究

——以S省N市五个区县为研究对象

刘人玮　著

知识产权出版社
全国百佳图书出版单位
—北京—

图书在版编目（CIP）数据

西部农民工工伤赔偿实证研究：以S省N市五个区县为研究对象／刘人玮著．—北京：知识产权出版社，2022.10

ISBN 978-7-5130-8397-3

Ⅰ.①西… Ⅱ.①刘… Ⅲ.①民工-工伤事故-赔偿-劳动法-研究-中国 Ⅳ.①D922.544

中国版本图书馆CIP数据核字（2022）第185528号

内容提要

本书以农民工工伤赔偿为主题，运用规范法学的分析方法对调研、谈访及由网络等媒介获得的大量案例及数据进行分析，就农民工工伤维权困境与选择、农民工借助行政力量进行工伤维权、农民工工伤维权中的私力救济、农民工通过诉讼进行工伤维权几个方面，从2014—2018年和2019—2022年两个时间段对比研究，再审视《民法典》之生命权、健康权下的农民工权益保障，提出完善农民工工伤权益保障机制的建议。

本书可供企业、相关行政机构工作人员与农民工阅读。

责任编辑：阴海燕　　　　**责任印制**：孙婷婷

西部农民工工伤赔偿实证研究——以S省N市五个区县为研究对象

XIBU NONGMINGONG GONGSHANG PEICHANG SHIZHENG YANJIU—YI S SHENG N SHI WUGE QUXIAN WEI YANJIU DUIXIANG

刘人玮　著

出版发行：知识产权出版社有限责任公司	**网　　址**：http://www.ipph.cn
电　　话：010-82004826	http://www.laichushu.com
社　　址：北京市海淀区气象路50号院	**邮　　编**：100081
责编电话：010-82000860转8693	**责编邮箱**：laichushu@cnipr.com
发行电话：010-82000860转8101	**发行传真**：010-82000893
印　　刷：北京建宏印刷有限公司	**经　　销**：新华书店、各大网上书店及相关专业书店
开　　本：720mm×1000mm　1/16	**印　　张**：11
版　　次：2022年10月第1版	**印　　次**：2022年10月第1次印刷
字　　数：160千字	**定　　价**：58.00元

ISBN 978-7-5130-8397-3

出版权专有　侵权必究

如有印装质量问题，本社负责调换。

目　录

第1章　导论

1.1　选题及其意义

1.1.1　现实问题

近年来，农民工问题备受社会关注，农民工维权事件频见各类媒体。在这些事件中，农民工讨薪一直是学界关注的焦点。然而，除了讨薪问题，农民工工伤问题同样需要重点关注。完善农民工工伤保险制度，有效保障农民工权益，有利于我国经济发展与社会稳定。

为了给农民工提供完善的工伤保障网络，我国颁布了一系列相关的法律、法规及“通知”“办法”等规范性文件。2018年12月14日，人力资源和社会保障部对《社会保险基金先行支付暂行办法》进行了修订，对于先行支付制度进行了调整，但该制度运行中存在的部分问题与过去一脉相承，因为资金来源于工伤保险基金，有个别企业抱有侥幸心理，不为农民工购买工伤保险，导致农民工工伤权益无法得到很好的保障，加之追偿相对困难，先行支付制度惠及农民工的广度还需增强。

正是由于工伤赔偿途径中的各种困难，才有了通过私力救济，通过行政力量，通过诉讼等多元化的救济方式。

从形式上看，我国工伤赔偿的制度供给是充足的。然而，为何还有那么多农民工倾向于在仲裁与诉讼之外进行维权？只有厘清这一问题，才能有针对性地提出对策与建议。为此，本书从以下两方面进行研究，一方面通过对案件进行“纪实性”的追踪，客观地把握农民工在工伤维权中的障碍与困境，揭示他们的所想、所需。另一方面对那些农民工维权成功的案例进行归纳，探寻推动了维权的成功因素，在这些因素中，又有哪些要素可以被制度化、常态化，进而改善农民工工伤维权的境况。

1.1.2 选题意义

解决西部农民工工伤赔偿问题具有极其重要的现实意义与理论意义。

（1）现实意义。解决西部农民工工伤赔偿问题有利于社会和谐与稳定。国家统计局《2021年农民工监测调查报告》显示，在西部地区务工农民有6280万人，与上年基本持平，占全国农民工总量的21.4%。《2018年农民工监测调查报告》显示，在西部地区就业的农民工有5993万人，比上年增加239万人，增长4.2%，占全国农民工总量的20.8%。可见西部农民工人口增速明显。工伤与工伤赔偿一直以来是困扰农民工的重要问题。关注庞大的西部农民工群体，了解他们工伤维权现状并提出相应的建议有利于社会的和谐与稳定。

社会保障、医疗等关系群众切身利益的问题一直是国家关注的重点之一。构建和谐社会坚持的原则之一是正确处理好改革发展和稳定的关系。解决好农民工工伤赔偿问题，对提升政府权威与公信力，促进社会稳定和谐，具有重要的现实意义。

部分企业有法不依，不履行购买工伤保险的义务成为农民工工伤赔偿难的重要原因。发生工伤后，个别农民工因难以获得赔偿，通过非理性甚至极端方式进行维权，这种非理性的维权方式所带来的是法律权威的减损和法律意识的消磨，这些因素都将减缓依法治国的目标的实现进程。

在农民工工伤赔偿这一主题上，要实现依法治国，需要从政府、用人单位、农民工三方面着手。增强政府在农民工工伤保障中的职责意识、强化企业履责观念、提高农民工维权能力，才能形成有法可依、有法必依、执法必严、违法必究的良性循环。

（2）理论意义。本书研究的理论意义在于，用农民工工伤维权问题同“场域理论”对接，意在开拓对“场域理论”适用新的视域。对农民工的经济资本、文化资本、社会资本进行分析，通过西部农民工工伤维权的场景还原，找到西部农民工工伤维权问题的根源与症结，力求为我国农民工工伤维权行为的研究开拓新的视角。

1.2　研究现状与评述

近年来，农民工问题一直是国内学术视野中的热点问题。以农民工问题作为研究对象的论文、著述很多。在农民工工伤赔偿这一主题上，学界主要围绕“农民工工伤赔偿难的原因”“农民工工伤保障对策”“维权行动”等方面展开。

1.2.1　对农民工工伤赔偿难的原因的研究

通过梳理文献发现，农民工工伤赔偿难的文献不在少数，可以分为横向与纵向两个层面。从横向来看，可以从研究的角度进行划分，主要有四个方面：政府监管不力、企业有法不依、工人权利意识不强、工伤保险制度设计缺陷。从纵向来看，可以从农民工就业的行业形态进行划分。随着互联网的发展，农民工的就业呈现出新的特点，新的就业形态也对农民工权益保障带来新的挑战。除了关注建筑业、基本建设等传统行业的农民工，学者们也开始将研究的目光投向用工平台与零工劳动者。相关问题成为学界研究的热点，主要包括了零工劳动者对现有劳动制度的挑战，零工就业背景下如何实现对劳动者的保护等问题。下面结合横向与纵向来看农民工工伤赔偿难的原因。

1.2.1.1 政府层面的原因

从政府的层面来看，有学者认为，财政权与行政权下放的背景下，地方政府具有提高税收与积累资源的动力。虽然法律规定为农民工购买工伤保险是用人单位的一项强制性的义务，某些企业却将其异化为“任意性选项”。随着政府执法力度的加大，近十年来，不管是质量上还是数量上，农民工社会保障政策都在不断进步和强化，充分体现了社会政策的包容性。具体体现在社会福利范围及水平的不断提升。农民工社会保障政策内容中社会福利所占的比例越来越高，中央和各地政府逐渐对农民工的“发展性需求”越来越重视，参与社会保险的农民工人数和比例逐年增加。[1] 同时，社会保障对象的精准度也在不断提升。[2] 同时在以下方面还需进一步完善，比如加大农民工工伤保险的扩面力度，综合考虑企业经营成本、农民工当期收入、资金回报率，合理设计保费征缴比例等。[3]

随着新就业形态的发展，政府及政府相关机构对零工劳动者的权益保障高度关切。2021 年 7 月由人力资源和社会保障部、最高人民法院等八部委发布了《关于维护新就业形态劳动者劳动保障权益的指导意见》，2021 年 7 月国家市场监督管理总局等七部委发布了《关于落实网络餐饮平台责任切实维护外卖送餐员权益的指导意见》。然而，从相关文件的内容来看，对于平台与零工劳动者之间的权利、义务，仍没有明确的指引，政府对零工劳动者的劳动权益保障措施

---

[1] 肖建义. 新时代我国农民工社会保障问题探究[J]. 中共云南省委党校学报，2020，21（1）：152-156.

[2] 文军，黄枫岚. 改革开放40年中国农民工社会保障政策演进比较：以上海、湖南、重庆三地政策文本为例[J]. 南通大学学报（社会科学版），2019，35（6）：63-74.

[3] 陈静，柳颖. 新型城镇化进程中的农民工社会保障满意度及其影响因素分析：基于江苏省13地市的实证调查[J]. 农村经济，2018（4）：111-116.

还需进一步细化。❶

1.2.1.2　企业方面的原因

从企业方面来看，某些企业逃避责任是农民工工伤赔偿难的又一重要原因。一方面某些企业为农民工购买工伤保险积极性不高。购买工伤保险带来生产成本的增加，对工伤风险认知不足等原因都影响着企业投保的积极性。❷ 另一方面，某些企业对农民工工伤赔偿支付缺乏基本的法律意识，当发生工伤事故后，企业通过推诿、“恶意诉讼”等方式拖延时间。❸

在新就业形态下，劳动关系呈现多重化、灵活化等特征，平台企业与从业人员签订的往往不是劳动合同，而是劳务合同、承揽合同等其他形式的合同或协议。因此，新就业形态人员大都未参加工伤保险。❹

1.2.1.3　农民工自身的原因

从农民工自身来看，法律意识淡薄、维权意识不强等是造成发生工伤后其权利难以得到保障的重要原因。随着乡村振兴战略的推进，农民的生活水平在提高，他们有了更广阔的视野，加之获取信息渠道的多元化，农民工的法律意识也在不断增强。但从整体上看，我国农民工的法律意识还有待进一步提高。❺农民工参加社会保险的意识在不断增强，但参保意愿有差异。❻ 有学者通过调查统计发现，多数农民工并不清楚工伤保险的意义和作用，也不了解购买工伤保

---

❶ 李怡然. 困住骑手的是系统吗?:论互联网外卖平台灵活用工保障制度的完善[J]. 中国劳动关系学院学报,2022,36(1):69-70.

❷ 李朝晖,李安. 农民工工伤保险相关利益集团行为取向的影响因素:基于湖南五个城市的调查[J]. 湖南农业大学学报,2010(10):26-30;李满奎. 工伤保险体系中的“诉讼禁止条款”[J]. 环球法律评论,2010,32(4):22

❸ 汤霞. 工伤认定行政复议诉讼案件产生的原因分析[J]. 四川劳动保障,2019(6):28.

❹ 袁朝辉. 新就业形态人员社会保险状况研究[J]. 中国劳动关系学院学报,2021,35(1):76.

❺ 黄新根,李弘雯. 农村经济发展中的农民法律意识培养研究[J]. 中国集体经济,2022(4):106.

❻ 冉敏. 甘肃省农民工社会保障参与现状及完善路径:基于四行业十八家企业的调查数据[J]. 新疆农垦经济,2021(12):55.

险是用人单位的义务。[1] 法律知识的欠缺使农民工在工伤赔偿博弈中处于弱势。对工伤维权程序认知的不足，决定了农民工进行工伤维权方式的多样化，也导致农民工在工伤维权中主动性不足、维权目标不够明确。[2]

零工经济的发展提升了农民工伤亡的风险。在互联网经济下，零工劳动者的就业形态呈现多样化的趋势。[3] 总体而言，零工经济提供的就业岗位大多从业质量低、工作强度大、工作时间长，这为就业者带来了更多的从业风险。[4] 而在零工就业者提供劳务的过程中，如果发生自身损害，对于平台与劳务提供者之间是否成立劳动关系存在争议[5]，这增加了就业者获得工伤赔偿的难度。

1.2.1.4 工伤保险相关法律制度不够完善

（1）工伤保险制度不够完善。

传统就业模式下，工伤保险制度的设计缺陷也是农民工工伤保障乏力的原因。[6] 具体包括六个方面：第一，工伤保险制度立法层级不高，适用范围相对较

---

[1] 赵媛，淳姣，王远均. 我国农民/农民工信息意识现状及提升对策[J]. 四川大学学报（哲学社会科学版），2014(6)：98-108；郑广怀. 资历与信息制约：影响农民工维权的微观因素分析[J]. 清华法学评论，2007(9)：47；刘秦南. 农民工工伤保险问题研究：以中国中铁X局W公司为例[D]. 重庆：西南财经大学，2020；景跃军，高月，高双. 长春市农民工社会保障状况调查分析[J]. 东北师大学报（哲学社会科学版），2011(1)：69-72；张太宇. 中国农民工社会保障制度研究[D]. 辽宁：辽宁大学，2014.

[2] 李言. 建筑行业农民工工伤保险问题及优化对策研究[D]. 重庆：西南大学，2021：38；徐晓放，夏春德. 新生代农民工法律意识教育探究[J]. 中国成人教育，2018(12)：157-158.

[3] 于莹. 共享经济用工关系的认定及其法律规制：以认识当前"共享经济"的语域为起点[J]. 华东政法大学学报，2018，21(3)：49-60.

[4] 李怡然. 困住骑手的是系统吗?：论互联网外卖平台灵活用工保障制度的完善[J]. 中国劳动关系学院学报，2022，36(1)：69-70；曹玉娟，庞凌霄. 农民工"零工经济"权益保护研究[J]. 中国农业会计，2022(6)：33-36.

[5] 王天玉. 基于互联网平台提供劳务的劳动关系认定：以e代驾在京、沪、穗三地人民法院的判决为切入点[J]. 法学，2016(6)：50-60；王天玉. 互联网平台用工的合同定性及法律适用[J]. 法学，2019(10)：166-168.

[6] 李朝晖. 农民工工伤保险供给与需求相关实证研究[J]. 人口与经济，2007(5)：71-75；何立军，罗新录. 新制度经济学视角下农民工工伤保险制度研究[J]. 社会福利（理论版），2015(7)：8；刘艳文. 农民工参加城镇社会保障的现状与政策改进[J]. 西部论坛，2013(9)：1；应永胜. 中国农民工工伤保险制度演进及运行效果评价[J]. 北京航空航天大学学报，2014(1)：6.

窄;[1] 第二，现有工伤保险缴费方式不够灵活，不能适应农民工流动性的特点;[2] 第三，工伤保险对工伤赔偿不足影响了企业投保的积极性;[3] 第四，工伤认定程序和标准不够规范[4]，工伤赔偿程序相对烦琐，工伤认定、伤残鉴定与索赔时间过长[5]，拉高了农民工工伤维权的成本，影响了维权的实际效果；第五，我国还存在没有专门性法规调整农民工工伤赔偿的问题，相关法律内容的不合理，农民工的工伤保障项目的全面性还有待提高;[6] 第六，现行工伤保险制度应对突发性公共事件能力不足。[7]

（2）零工经济的发展，为工伤保险制度带来新的挑战。

随着我国互联网飞速发展，劳动力向互联网平台流动，推动了零工经济的兴起，也催生了以短期就业为主要特征的零工劳动者数量的激增。零工劳动者的特殊性对现有的工伤保险制度带来新的挑战。[8] 农民工的工伤赔偿面临新的困境。从国家信息中心发布的《中国共享经济发展报告（2021）》看，我国共享经济参与者约为 8.3 亿人，其中服务提供者约为 8400 万人，同比增长约 7.7%；平台企业员工约 631 万人，同比增长约 1.3%。[9] 他们的职业涵盖了外卖骑手、滴滴司机等。据统计，2020 年我国共计有 471.7 万美团骑手，其中有 77% 的骑

---

[1] 熊冯瑜. 论我国工伤保险制度的立法完善[D]. 南昌:江西财经大学,2018.

[2] 陈法君. 论政府职责视角下农民工工伤保险制度的完善[D]. 重庆:西南政法大学,2015;李玥. 论我国农民工工伤保险制度的建立与完善[J]. 兰州学刊,2014(1):85-88.

[3] 乔庆梅. 第四次工业革命背景下中国工伤保险制度的重构与发展[J]. 社会保障评论,2022,6(3):70.

[4] 郑尚元. 论工伤保险法制之完善[J]. 法治研究,2018(5):24-31.

[5] 仝青亮. 我国工伤保险制度存在的问题及对策[J]. 中国集体经济,2020(6):167.

[6] 朱凡凡. 探析我国农民工社会保障的现状、难点和出路[J]. 就业与保障,2022(7):85-87;肖建义. 新时代我国农民工社会保障问题探究[J]. 中共云南省委党校学报,2020,21(1):152-156;丁蕾. 建筑业农民工工伤保险法律问题研究[D]. 重庆:西南政法大学,2018.

[7] 乔庆梅. 突发性公共事件应对中我国工伤保险的立法实践与决策选择[J]. 社会保障研究,2021(6):35-42.

[8] 毛雨佳. 平台从业者工伤保险制度的困境及路径优化[J]. 保险职业学院学报,2022,36(1):20.

[9] 中华人民共和国国家发展和改革委员会.《中国共享经济发展报告(2021)》正式发布(附报告全文)[EB/OL]. (2021-02-22)[2022-07-28]. https://www.ndrc.gov.cn/xxgk/jd/wsdwhfz/202102/t20210222_1267536.html?code= & state=123.

手都是来自农村。从事外卖骑手等职业已经成为农民工又一选择。❶

这些新的变化促使学者们的研究方向聚焦于两个方面：①互联网经济催生了用工平台，衍生出了新的用工模式，对现有的劳动保护制度带来新的挑战。❷其原因在于，我国劳动关系法律框架主要是以劳动关系、劳务关系两大用工关系构成。劳动关系主要指劳动者与用人单位签订劳动合同，并获得相应社会保障。与前者相比，劳务关系主要存在于雇主与提供劳务人员之间，其不享受相应的社会保障。而零工劳动者介于以上二者之间。❸ 当然，也有学者将零工劳动者称为"第三类劳动者"。❹ 但是，无论是哪一种类型，零工劳动者的身份界定面临法律上的尴尬。我国劳动合同法并未将零工劳动者作为其调整对象。❺ 也正因为其身份的模糊性，导致了其权利得到保护的不确定性。②在零工经济下，劳动者的社会保障面临尴尬。对于零工劳动者，因为其身份的界定存在争议，在司法实务中，法律部门对其性质的认定不同，导致其所享有的权益不同。❻ 现有立法主要明确了用人单位的范围，而劳动者的范围主要通过是否建立劳动关系而确定，立法规范语言对"劳动者"一词的使用在内涵与范畴上并未统一。因此，在休息休假、劳动安全卫生与保护、社会保险与劳动争议的解决等方面，尤其是工作中造成的自身伤害，零工劳动者所能得到的赔偿并无明确的法律规范指引。❼

❶ 搜狐网.七成骑手来自农村，月均收入超农民工工资，官方保障也将到来？［EB/OL］.（2021-07-18）［2022-07-29］.https://www.sohu.com/a/478190590_121118710.

❷ 丁晓东.平台革命、零工经济与劳动法的新思维［J］.环球法律评论，2018，40（4）：87-98.

❸ 范围.不完全劳动关系的困惑：未解的三个问题［J］.人民司法（应用），2020（7）：28-37.

❹ 肖竹.第三类劳动者的理论反思与替代路径［J］.环球法律评论，2018，40（6）：79-100.

❺ 曹玉娟，庞凌霄.农民工"零工经济"权益保护研究［J］.中国农业会计，2022（6）：33-36.

❻ 曹玉娟，庞凌霄.农民工"零工经济"权益保护研究［J］.中国农业会计，2022（6）：33-36.

❼ 肖竹.第三类劳动者的理论反思与替代路径［J］.环球法律评论，2018，40（6）：79-100.

1.2.2 农民工工伤保障对策

1.2.2.1 对政府的建议

在政府方面，有学者提出应当强化政府在部门协作、组织统筹、制度设计等方面的主导作用[1]，加强政府对企业监管，加强对违法企业的处罚力度；国家有关部门可在总体调研评估的基础上，适时出台有关补充工伤保险的指导意见。[2] 通过制度建设鼓励地方在补充工伤保险方面进行有益探索。[3] 增加财政对农民工安全生产培训的支持，加强对农民工伤害的法律援助等。[4]

1.2.2.2 对企业的建议

在企业方面，学者建议企业承担起农民工工伤风险保障的社会责任；[5] 若仅为劳动者购买商业保险，因其作用有限，难以满足劳务提供者长期治疗、康复和未来生活来源的需要，故应当将工伤保险作为零工劳动者重要的制度保障。[6]

1.2.2.3 对农民工的建议

有学者提出，要增强农民工法律意识。现有文献多提出加强宣传，提高农民工对工伤保险的认知的建议与对策。[7] 也有学者提出增强农民工工会的组织吸引力，提高农民入会的自主性，拓宽工会服务范围，完善卫生服务系统以及社

---

[1] 赵安. 农民工工伤保险研究[D]. 北京：中国社会科学院大学，2022：61.

[2] 公羽休. 补充工伤保险：理论与实践探析[J]. 中国人力资源社会保障，2021(9)：9-11.

[3] 公羽休. 补充工伤保险：理论与实践探析[J]. 中国人力资源社会保障，2021(9)：9-11.

[4] 中国农村财经研究会课题组，李军国. 支持现代农业建设，推动农业发展方式转变的财政研究[J]. 当代农村财经，2017(1)：12.

[5] 赵安. 农民工工伤保险研究[D]. 北京：中国社会科学院大学，2022：61.

[6] 王天玉. 互联网平台用工的合同定性及法律适用[J]. 法学，2019(10)：166-168.

[7] 鹿健岚. 我国灵活就业人员工伤保险存在的问题[J]. 人力资源，2021(10)：86-87.

会救助系统等，协调发展农民工工伤保障网络。❶

1.2.2.4 完善工伤保障

针对工伤保险制度本身，学者们“对症下药”，提出种种改进策略。❷ 有学者提出：从工伤保险的扩面来看，应将灵活就业者、农业劳动者等“非职工”人员纳入工伤保险制度，使更多群体因工作损害享受工伤待遇；❸ 有学者针对农民工流动性强的特点，建议改革缴费模式。❹

（1）工伤保险制度方面，有学者建议简化工伤赔偿程序❺，提高处罚力度❻，引入利益激励机制，采取适当合理的工伤保险费率与浮动费率；❼ 建立有利于劳动关系续转的、“便携式”的工伤保险制度；❽ 将工伤保险社会保障化，有效实现工伤保险的扩面。❾

（2）针对近几年的突发性公共事件，还有学者提出，应加强工伤保险的法律法规建设，完善工伤保险储备金制度，打破工伤保险劳动关系限制，改变机械列举工伤认定范围的方式。❿

（3）零工劳动者的工伤保障制度层面，学者们的态度是一致的，即加强对

---

❶ 林浩，孟凡强．工会参与提高了农民工城镇职工基本医疗保险的参保率吗？［J］．中国劳动关系学院学报，2020，34（6）；郭道久，王娇．组织依托和权益保障：农民工工会的现实作用及发展方向［J］．山西师大学报（社会科学版），2019，46（6）．

❷ 赵安．农民工工伤保险研究［D］．北京：中国社会科学院，2022：61；郑尚元．论工伤保险法制之完善［J］．法治研究，2018（5）：24-31；向春华．工伤保险一次性给付制度：现状、问题与改革［J］．首都经济贸易大学学报，2020，22（2）：68-78．

❸ 陈敏．“非职工”群体纳入工伤保险制度保障探析［J］．政治与法律，2017（2）：151．

❹ 王平达，王立楠．“互联网+”背景下灵活就业人员工伤保险问题研究［J］．哈尔滨学院学报，2022，43（2）：61-63．

❺ 刘文华．社会保险法治化政策研究专题 工伤保险法律规制与实践［J］．中国劳动，2018（2）：33．

❻ 刘思思．普洱市企业工伤保险费率政策完善路径研究［D］．昆明：云南大学，2018．

❼ 高一飞，赵恒喆．工伤预防激励法律制度研究［J］．西南石油大学学报（社会科学版），2022，24（3）：60-71；康蕊，吕学静．借鉴日本经验改革我国工伤保险浮动费率［J］．中国人力资源社会保障，2016（2）：32-34．

❽ 韩俊强．农民工工伤保险参保行为与城市融合：基于武汉市的调查［J］．社会保障研究．2013，（4）：65．

❾ 牟霞．新业态从业人员社会保险的适应性与可及性研究［D］．西安：西北大学，2021．

❿ 乔庆梅．突发性公共事件应对中我国工伤保险的立法实践与决策选择［J］．社会保障研究，2021（6）：35-42．

零工劳动者的劳动保护与工伤保障。[1] 但是，在保障的路径与方式上，学者们建言献策，各有差异。

首先，强化对零工劳动者的工伤保障。有学者认为应将工伤保险扩展适用，纳入修法或立法日程。[2] 也有学者认为，应建立强制人身意外伤害保险制度。[3]

其次，在认定零工劳动者的身份关系上，坚持劳动法的立法主旨，以立法价值为目标，松绑劳动关系、劳动权利与社会保险间的绝对的对应关系。[4] 也有学者则认为，在认定二者的关系时，须有紧有松，应根据实际情况，分别认定为劳务关系、零工关系和劳动关系。[5]

此外，在司法层面，应当统一裁判思路，将司法裁判作为劳动纠纷解决的最后一道防火墙，在基本事实认定和法律适用上应做到统一，实现同案同判，减少零工劳动者的诉累。[6]

1.2.3　对维权行动的研究

一切学术研究都应建立在前人的研究成果之上，对既往研究成果的回顾有助于更好地发现问题、进行学术创新。通过对农民工维权的相关研究成果进行梳理，现有的研究主要涉及维权内容、维权方式及不同维权方式发生的原因。

---

[1] 王全兴，刘琦. 我国新经济下灵活用工的特点、挑战和法律规制[J]. 法学评论，2019，37(4)：79-94.

[2] 肖竹. 第三类劳动者的理论反思与替代路径[J]. 环球法律评论，2018，40(6)：79-100.

[3] 于莹. 共享经济用工关系的认定及其法律规制：以认识当前"共享经济"的语域为起点[J]. 华东政法大学学报，2018，21(3)：49-60.

[4] 肖竹. 第三类劳动者的理论反思与替代路径[J]. 环球法律评论，2018，40(6)：79-100.

[5] 于莹. 共享经济用工关系的认定及其法律规制：以认识当前"共享经济"的语域为起点[J]. 华东政法大学学报，2018，21(3)：49-60.

[6] 李怡然. 困住骑手的是系统吗?：论互联网外卖平台灵活用工保障制度的完善[J]. 中国劳动关系学院学报，2022，36(1)：69-70.

基于对农民工的身份认同[1]，文献的梳理不仅包括了对农民工维权行为的相关研究，同时还包括了对农民工维权行为研究的相关学术成果。

1.2.3.1 维权内容

从维权内容来看，鲜有文献专门对农民工工伤维权行动进行专题研究。然而，学者们对农民工讨薪的维权活动有所涉猎，并有学者对此进行了相对深入的研究，比如狄金华、宋建超、黄明强等。[2] 对于其他维权活动的研究还包括对农民工与农民维权行动的研究，涉及环境维权[3]、土地维权[4]、劳动维权[5]等内容。

1.2.3.2 维权方式

从维权方式看，农民或农民工的维权活动也被有的学者称为“抗争”[6]，其抗争的方式包括依法抗争、以法抗争、以理抗争等。

(1) 依法抗争。李连江和欧博文提出了“依法抗争”的概念。二位学者认为，农民依据的法不仅包括国家法律也包括中央政策。其抵抗的对象是农村的各种土政策和农村基层干部的贪腐。因此，其行动既具有政治参与性又具有政

[1] 祝仲坤，冷晨昕．住房状况、社会地位与农民工的城市身份认同：基于社会融合调查数据的实证分析［J］．中国农村观察，2018(1)：96-110；王志涛，李晗冰．身份认同、个人技能与农民工返乡意愿：基于 CMDS 数据的实证研究［J］．经济经纬，2021，38(3)：34-43.

[2] 狄金华，宋建超．乡村社会内部的讨债博弈及策略特征：以西南农村的一起建筑业农民工讨薪案为例［J］．南京农业大学学报(社会科学版)，2017，17(4)：57-66，158；黄明强．Z 市农民工讨薪群体性事件防治研究［D］．福州：福建农林大学，2018.

[3] 安重阳．我国农民环境维权的现实考察：基于对甘肃省庆城县周边的调查报告［D］．兰州：甘肃政法学院，2018；罗亚娟．依情理抗争：农民抗争行为的乡土性：基于苏北若干村庄农民环境抗争的经验研究［J］．南京农业大学学报(社会科学版)，2013，13(2)：26-33；孙文中．底层视角下的农民环境维权［J］．华南农业大学学报(社会科学版)，2014，13(4)：128-137.

[4] 周如南，朱健刚．农民抗争政治的行动逻辑与治理启示：以 G 省 W 村农民土地维权事件为例［J］．湖南农业大学学报(社会科学版)，2016，17(5)：42-48，80.

[5] 张飞．在法治背景下农民工劳动争议法律维权问题探析［J］．农业经济，2016(2)：84-85.

[6] 徐永祥，胡兵．以“可行能力”剥夺看待农民工抗争行动：以上海为例的一项研究［J］．复旦政治学评论，2013：115-143.

治抵抗性，其过程与结果在于促进国家法律或中央政策的落实。[1] 李连江与欧博文的研究展现的是农民同地方政府博弈的图卷。承袭二人的研究成果，诸多学者在此基础上进行了延伸。如应星拓展了“依法抗争”的外延，他将司法救济纳入其中，将依法抗争分为司法途径的抗争和包括上访、信访在内的非司法途径的抗争。[2]

（2）以法抗争。以李连江和欧博文的“依法抗争”理论为基础，于建嵘提出了“以法抗争”，即通过法律制度维权。2008 年他认为，农民工运用国家法律来实现维权目标，这种维权活动是一种政治行为，政治性是“以法抗争”的显著特征。[3] 于建嵘认为，“以法抗争”在“减轻农民工负担”“保护土地财产”“村务公开”等问题上有极强的解释性与开创性。在依法抗争的领域，有学者还专门以女性农民工为样本进行了研究，发现多数女性农民工的维权行为较理性平和，更倾向于通过国家供给的正式合法的渠道来维护个人权益。[4]

（3）以理抗争。部分学者试图突破“法”的框架，提出了“以理抗争”的理论框架。罗亚娟认为，将中国农民的维权抗争行为统率于法律之下显得生硬而机械。不论是“依法抗争”还是“以法抗争”，“法”只是表面特征。罗亚娟将苏北农民的环境维权行为设定在情理的框架内进行诠释。在其看来，因为国人具有“常识性正义平衡感觉与习惯性的价值判断标准”[5]，所以农民工具有寻求调解及以“理”求“和”的偏好。[6] 基于此，有学者结合权力依赖理论和社

---

[1] O'BRIEN K J ,LI L J. Rightful resistance in rural China. CambrigeUniversity press[M/OL]Cambridge University Press 2006.(2012-12)[2019-05-04]. https://www. cambridge. org/core/books/rightful-resistance-in-rural-china/770DBE6D48C881A6F88401F22E5C1545.

[2] 应星. 草根动员与农民群体利益的表达机制：四个个案的比较研究[J]. 社会学研究,2007(2):1-23,243.

[3] 于建嵘. 农民工维权与底层政治[J]. 东南学术,2008(3):12-15.

[4] 杨翠萍,贺婧雅. 女性农民工维权行为的影响因素研究：基于 472 份问卷数据的分析[J]. 华中农业大学学报(社会科学版),2017(2):69-76,133.

[5] 滋贺秀三. 中国法文化的考察：以诉讼的形态为素材[J]. 比较法研究,1998(3):25.

[6] 罗亚娟. 依情理抗争：农民抗争行为的乡土性：基于苏北若干村庄农民环境抗争的经验研究[J]. 南京农业大学学报(社会科学版),2013,13(2):26-33.

会分层理论，通过案例研究发现，相较于城镇职工，农民工更可能在维权行动中选择调解，且更有可能在调解中做出让步。[1]

（4）以“气”抗争。有关农民抗争行为的研究中，有学者试图摆脱当前学界盛行的利益主导模式。应星以“气场”概念为基础，研究了当代农民集体行动的发生机制。在应星看来，“气”是中国人追求尊严、抗拒羞辱的情感驱动，是“草根”行动者整个行动中释放、调控这种情感的主导因素。然而，异议者却认为应星对于“气”的概念并没有一个通俗的解释，既不简洁，也欠明晰。[2]在群体性抗争中，最终目的在于利益的实现，“气”是利益诉求未被满足下的情感宣泄，也是利益表达的方式，更是权益受损的救济手段。个体遭遇挫折，负面情绪的积累往往会导致出现某种形式的攻击行为。

（5）其他抗争方式。除了以上几种抗争方式，其他的维权抗争手段亦为学者们所关注。比如，学者任焰以广州某工厂对合同到期工人解雇的个案为例，展现了农民工联合起来抵抗工厂解雇的场景。其研究表明，资本通过宿舍的方式加强了对工人劳动时间与生活方式的控制。然而，农民工集中生活的环境使得性别、血缘、族群的联系更加紧密，这就为其集体抗争行为提供了空间及社会基础。[3] 农民工的维权行为兼具传统小农与现代理性的双重特征，表现出很强的综合性。[4] 同时，这些反抗的形式具有非正式性、非集体性、非公开性，是弱者的武器。行动者基于对成本收益的权衡，选择利用消极怠工等方式进行利益抗争。这些温和的抗争同“以气抗争”等维权方式形成了鲜明的对照。

从研究成果来看，学者们从不同的层面揭示了农民工维权的某些特质。然而，这些理论并不能完全套用到农民工工伤维权行动之中。比如说，仅仅用

---

[1] 王甫希，谢鹏鑫，程延园，王继新．农民工劳动争议调解情况如何：差异性法律保护与争议性质的调节作用[J]．中国人力资源开发，2017（10）：141-150.

[2] 张耀杰．阴阳气场与抗争政治：兼谈应星与于建嵘的学术争议[J]．社会科学论坛，2011（10）：98-109.

[3] 任焰，潘毅．宿舍劳动体制：劳动控制与抗争的另类空间[J]．开放时代，2006（3）：133.

[4] 严航，李敏．传播学视角下农民工维权行为特征研究[J]．天津大学学报（社会科学版），2020，22（5）：417.

“依法维权”或“以法维权”，可能遮蔽农民工维权活动的创造性与复杂性，农民工维权的真实图景难以被清楚地展现出来。

1.2.3.3　维权原因

针对不同维权行为所发生的原因，学者们对于以下问题进行了研究：是什么原因促使农民工采用非正式的方式进行权利抗争？为何农民工选择此种维权策略而抛弃其他？文献从客观和主观两个方面进行了解释。

（1）从客观方面来看，农民工抗争行动是由农民工的可行能力决定的。这种“可行能力”包括五个方面：政治自由、经济条件、社会机会、透明性保障及防护性保障。❶“可行能力”同农民工抗争行动的激烈程度直接关联。构成“可行能力”的要素被剥夺得程度越高，农民工的抗争行为也就越激烈。农民工的行动策略被相应地分为容忍、退出、变通和集体行动。“可行能力”有效地解释了农民工多样化的维权行动的客观因素。

（2）从主观方面来看，有学者从农民工法律意识、公平正义观等主观因素来解释其维权行动。如苏（su）等三位学者在 2013 年将农民工的极端维权行为称为颠覆性策略（Disruptive Tactics）。他们认为，这些维权策略同农民工对“颠覆性策略”有效性的理解及对法律、公正的认知密切相关。❷罗亚娟在 2013 年以苏北农民环境抗争行为为蓝本，诠释了农民抗争活动的方式受制于其经验世界的逻辑，提出法律信息的提供、法律援助的获得是改变抗争行为的重要动力。❸

还有学者认为，农民工维权策略的选择既有主观方面的原因也有客观方面

❶ 转引自：徐永祥，胡兵. 以“可行能力”剥夺看待农民工抗争行动：以上海为例的一项研究[J]. 复旦政治学评论，2013(11)：115-143. 上述即文章中采用的阿马蒂亚·森所提“可行能力”这一概念中的五种工具性自由.

❷ SU Y，HE X，WANG L G. Above the Roof，Beneath the Law：Perceived Justice behind Disruptive Tactics of Migrant Wage Claimants in China[J]. Law & Society Review，2013，47(4)：703-738.

❸ 罗亚娟. 依情理抗争：农民抗争行为的乡土性：基于苏北若干村庄农民环境抗争的经验研究[J]. 南京农业大学学报(社会科学版)，2013，13(2)：26-33.

的原因。比如，通过研究发现，农民工的认知水平、社会网络规模以及企业集体宿舍制度，对其利益抗争行为均存在影响。❶ 农民工维权的公开性与农民工职位的高低与参加社会保险的程度呈正相关。农民工的职位越高，其公开维权的程度越高。农民工参加社会保险的种类越多，其维权的公开性也越高。高职位意味着较高的收入和较多的话语权，这些都是社会资本的具体表现。从主观方面来看，绝对心理感知和相对心理感知是促使农民工将矛盾公开化的重要心理动因。❷

1.2.4 尚待解决的问题

从文献来看，对农民工工伤维权进行深入分析的并不多见。在农民工工伤维权中，有诸多疑问尚待解答。比如，农民工的维权方式是否同现有文献介绍的方式有所重合？如果有重合，是否又有不同之处？农民工通过这些方式维权是否能够取得成功？能够获得多大的成功？国家在农民工工伤维权上的态度如何？

在农民工维权行动的研究中，学者们多集中于研究抗争行为的形态与种类，缺少对农民工维权活动的根源挖掘、考察。无论哪种抗争方式与姿态都是农民工权益受到损害之后进行权利救济的方式与行动策略。即使对此提出对策、建议也多属于“事后救济”。如果单从劳动法的视角来解决“农民工工伤赔偿难”的问题可能将陷入“治标不治本”的困境之中。

本书的任务是在现实案例的基础上挖掘农民工工伤问题的制度根源。对农民工生命权、健康权保障的忽视是农民工工伤频发的重要原因之一。工伤索赔

---

❶ 蔡禾，李超海，冯建华. 利益受损农民工的利益抗争行为研究：基于珠三角企业的调查[J]. 社会学研究，2009，24(1)：139；徐永祥，胡兵. 以“可行能力”剥夺看待农民工抗争行动：以上海为例的一项研究[J]. 复旦政治学评论，2015：132.

❷ 严航，李敏. 传播学视角下农民工维权行为特征研究[J]. 天津大学学报(社会科学版)，2020，22(5)：417-422.

难是对农民工生命权、健康权保障忽视的结果。只有廓清国家、企业在保护农民工生命权、健康权上的责任与义务，才能从根源上解决问题。

1.3 研究对象、研究方法和本书的创新

1.3.1 研究对象

本书的研究对象是西部农民工的工伤维权行为。目的在于挖掘中国西部农民工在工伤维权中的制约因素与行动逻辑。为此，本书将围绕以下几个问题展开论述：制约农民工维权行动的因素有哪些？他们有哪些维权策略？效果如何？如何评价这些维权行动？某些成功维权的方式可以复制吗？通过农民工的维权行动，如何从根本上改变农民工工伤维权现状？

1.3.2 研究方法

本书主要研究的是农民工工伤维权行动，因此，法社会学的分析方法相对适合。只有对案件整个过程、细节进行近距离观察，才能清楚地把握农民工的维权行动，为此，笔者在多地进行了调研、访谈，获得了大量的第一手材料。在 2016 年 7 月—2019 年 8 月期间，先后走访了 S 省 N 市几个区、县的劳动仲裁委员会、基层人民法院等多个单位，形成了大量的访谈笔录。同时，还亲自参与了农民工工伤案件的调解、处理。除此之外，还到 S 省 N 市多个建筑工地、煤矿、非煤矿山对多位农民工进行了访谈。为了避免以偏概全，通过人民法院、仲裁机构、网络、报纸等渠道收集了多个案例，其中，通过行政力量进行工伤维权的案例有 32 个，S 省 N 市 2014—2018 年的案例 20 个，2018—2022 年的案例 50 个。通过对这些案件进行研读、归纳、抽样、对比，以求客观地展现农民工工伤维权的真实图景。

本书还使用了规范法学的分析方法，对工伤赔偿相关法律制度进行了分析、

解读。其中，工伤保险制度与工伤赔偿程序是本书的核心，规范法学研究方法是法学研究的基础方法，这一方法将贯穿全书的始终。

1.3.3 本书的内容

本书通过对西部农民工工伤维权案例的研究，分析了农民工工伤维权难的原因，梳理了农民工多元化的维权方式，包括农民工通过私力救济进行工伤维权，借助行政力量进行工伤维权，通过诉讼进行工伤维权等多种维权方式，通过对比各种维权方式的维权效果，分析各种维权方式下推动农民工成功维权的因素，研判、分析这些因素是否具有可复制性。在研究通过诉讼进行维权的过程中，对近十年的农民工诉讼维权的案件进行了对比，分析农民工维权案件仍存在的症结。并就此提出了完善农民工工伤权益保障的机制。

1.3.4 本书的创新

本书的创新点主要有二：其一，通过“场域理论”解读农民工工伤维权的过程，这在一定程度上拓展了“场域理论”适用范畴。“场域”概念由法国学者布迪厄提出，他认为，在现代高度分化的社会中，一个“场”就是一个有结构的社会空间，是由附着于某种资本形式的各种位置之间的客观历史关系构成。场域是资本运作的舞台。[1] 资本是场域中最活跃的力量。本书分析了农民工维权中，对经济资本、文化资本、社会资本、符号资本等多种形式资本的运用。对场域理论的运用，也是对该理论的拓展。其二，视角的创新，通过对具体案例的分析，找到推动农民工工伤维权成功的因素，并据此将其制度化、常态化，以此解决农民工工伤维权难的问题。

---

[1] 郑素侠. 媒介化社会中的农民工：利益表达与媒介素养教育[M]. 北京：中国社会科学出版社，2013：89-128.

1.4　研究框架

本书以农民工工伤赔偿为主题，主要围绕以下几个问题展开论述：农民工工伤赔偿难的原因；在资本匮乏的背景下，农民工的多元化的维权方式，具体维权方式下的维权效果及发生作用的原因；如何为农民工建立一套工伤保障的长效机制。

基本结构如下。

第一章“导论”。指出了我国农民工多元化的工伤维权方式，提出了农民工工伤问题对我国经济发展与社会稳定带来挑战，阐释了研究西部农民工工伤赔偿问题的现实意义与理论意义。结合传统就业形态与零工经济下的新就业形态，对农民工工伤维权问题的研究现状进行了梳理与评述。包括工伤维权难的原因、维权的内容、维权的方式等。经过梳理，指出本书的研究内容与落脚点，即较全面地展现农民工工伤维权的方式及效果，进而完善我国工伤保障体系。此外，介绍了本书的研究方法、研究对象、文章结构以及创新点。

第二章“农民工工伤维权困境与选择”。介绍了我国工伤保险覆盖情况与先行支付制度运行现状。指出了农民工工伤赔偿难的直接原因是享受工伤保险不广泛。分析了农民工经济资本、社会资本、文化资本与维权方式之间的关系。即农民工总体收入不高，经济资本匮乏，是其工伤维权中的软肋；农民工法律知识欠缺，法律意识淡薄，使维权过程中容易出现“搭便车”的现象；随着城市化进程加快，原有血缘、地缘关系不断被剥离的同时，业缘关系不断被强化，但农民工维权中获得社会资本支持的可能性降低。

第三章“农民工工伤维权中的私力救济”。分析了农民工通过私力救济进行工伤维权的原因：工伤赔偿程序相对烦琐；农民工对治疗费用的迫切需要；受“调解”等传统文化影响。介绍了农民工通过私力救济进行工伤维权的案例，分析了私力救济维权效果具有不确定性的特点。

第四章“农民工借助行政力量进行工伤维权”。通过32个案件，分析了农民工借助行政力量进行工伤维权的原因：一是农民工对政府的信任，二是工伤康复制度尚不完善。展现了农民工在行政力量进入前的自我维权方式与维权效果。分析了农民工伤情与行政权力介入的关联。研究了行政力量介入的时间、介入的方式与效果。总结了农民工借助行政力量进行工伤维权的“得”与“失”，即借助行政力量进行工伤维权，无法实现工伤赔偿的一蹴而就，在赔偿金额上，农民工无法在赔偿金额上获得额外的优待。

第五章“农民工通过诉讼进行工伤维权”。收集了西部S省N市2014—2018年一共5年的232件工伤赔偿案件。这些案件样本是西部农民工进行工伤维权的缩影与真实写照。从统计结果来看，劳动者的法律意识增强了，当其权利受到侵犯时更倾向于使用诉讼的手段寻求救济。然而，相对烦琐的工伤赔偿程序是工伤者维权过程的“门槛”。同时，为了进行对比研究，又对S省N市2019—2022年的50个案例进行了统计，涵盖了劳动关系的认定案件与工伤赔偿案件两类。解析了当前农民工诉讼维权的背景，通过对两大类案件进行对比分析，总结了农民工劳动关系认定与工伤赔偿案件中的法律裁判逻辑。据此，提出了提升农民工维权能力、提高其胜诉率的相关建议。

第六章“民法典之生命权、健康权下的农民工权益保障再审视”。本章结合《中华人民共和国民法典》（以下简称《民法典》），再次明确了生命权、健康权是人的最基本的权利，分析了对农民工生命权、健康权保护的意义。梳理了政府在保障农民工生命权、健康权保护中扎实细致的工作。包括：以高度的政治站位重视农民工的生命权和健康权；深谋远虑推进工伤预防工作；完善立法与严格执法，推动工伤保险的扩面；简化工伤赔偿程序，切实落实“人民至上，生命至上”的理念；积极回应社会关切，为新就业模式下的农民工生命权，健康权保驾护航。指出了个别企业对农民工生命权、健康权不够重视，是农民工发生工伤的原因，也是农民工工伤赔偿困境形成的症结。本章还指出，农民工自身是工伤事故源头治理的重要环节，因此，应当学法、知法、懂法，签好劳动合同；遵守劳动纪律，服从用人单位管理；加强劳动安全措施自我防范，减少和预防工伤。

第七章“完善农民工工伤权益保障机制”。本章指出政府在工伤保障体系的完善过程中，还应加强以下方面的工作：进一步完善监管与激励相结合的工伤预防机制，与时俱进完善工伤保险体系，推进工伤康复制度的进一步完善与落实。本章建议应建立企业不良信息披露制度；同时，应进一步完善法律援助制度与加强对农民工法治宣传，增强农民工文化资本。提出了对农民工社会资本补强的手段：通过加强社会工作对农民工工伤赔偿的介入，以及加强工会与民间力量对农民工维权的帮扶。

第 2 章　农民工工伤维权困境与选择

2.1　我国农民工工伤保障现状

2.1.1　农民工工伤保险覆盖现状及原因

我国《工伤保险条例》规定，为劳动者购买工伤保险是用人单位的强制性义务。从国家统计局发布的数据来看，国家对劳动者权益保护力度在逐渐加大，农民工工伤保险参保人数呈逐年稳步上升的趋势。如图 2-1 所示，2017 年，参保人数为 22 726 万人，到 2021 年，这一数值上升到 28 284 万。2017—2021 年，农民工参保人数总计增加 5558 万人，平均每年增加 1389. 5 万人。这些数据充分体现了国家和政府对农民工劳动权益保障的决心、行动与实际效果。但是，由于工伤保险制度尚存在以下几个方面的问题，也仍有个别企业不为农民工购买工伤保险，使农民工权益无法得到有效保障。

第一，我国工伤保险制度灵活性不够，不能对用人单位购买工伤保险形成有效激励。对于工伤事故发生少的企业，没有相应的保费退还制度作为奖励。相较于我国，一些发达国家的工伤保险制度的灵活性更强。比如，在美国的怀俄明州，工伤赔偿数额少的企业将享受部分保费的退还作为奖励。这不仅对企业购买工伤保险构成激励，也对企业的安全生产形成有效激励。

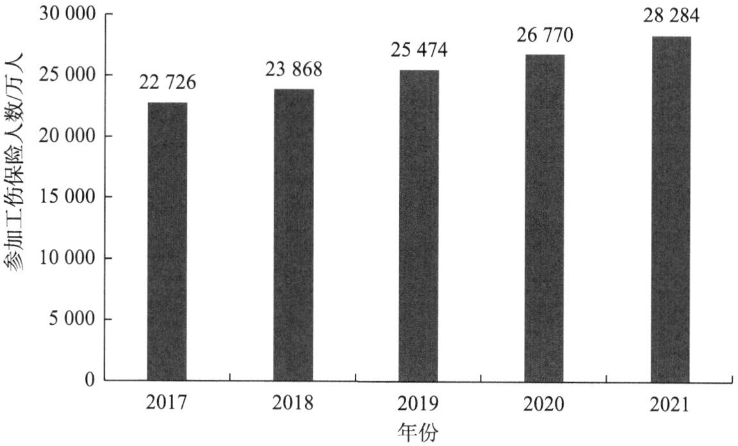

图 2-1　2017—2021 年农民工参加工伤保险比例

数据来源：国家统计局《2017—2021 年国民经济和社会发展统计公报》。

第二，现有工伤保险制度尚未实现企业规模同缴费挂钩的缴费模式。以我国香港地区为例，其《雇员补偿条例》第 40 条就对投保金额规定了最低限额，投保金额以企业规模达到 200 人为界限。企业少于 200 人，每宗事故计算的保险金额为不少于港币 1 亿元，如果企业超过 200 人则不少于港币 2 亿元。

第三，工伤保险的赔付不能完全免除雇主的赔偿责任。也就是说，即使雇主或用人单位购买了工伤保险，同样可能承担高额的赔偿责任，这加重了雇主的负担。工伤保险制度设立的目的之一在于避免雇主陷入诉讼之中，即用人单位或雇主通过购买工伤保险，将损失转嫁于工伤保险机构。一旦发生工伤事故，工人通过工伤保险机构获得赔偿，工人丧失起诉雇主的权利。[1] 这也被称为“诉讼禁止条款”，这也是推行强制工伤保险国家的惯例。我国虽然也推行强制工伤保险，但在“诉讼禁止条款”的适用上并不彻底。在一定情形下，工伤保险基金赔付后，用人单位仍然要承担赔偿责任。比如，依据《工伤保险条例》

[1] 李满奎. 工伤保险体系中的“诉讼禁止条款”研究[J]. 环球法律评论，2010，32(4)：24.

的规定，工伤伤残等级为一级到四级的，伤残补助金和伤残津贴都从工伤保险基金中支付。但是，如果工伤伤残等级为五级至六级的，用人单位需按月发放伤残津贴；工伤职工与用人单位解除或终止劳动关系的，用人单位还需要承担一次性伤残就业补助金，这些规定同工伤保险制度的目的并不相容，影响了用人单位购买工伤保险的积极性，是农民工工伤保障乏力的原因之一。

第四，现行制度下，法律对不购买工伤保险的用人单位或雇主处罚力度不够，难以对其违法行为形成有效威慑。依据我国《工伤保险条例》第62条的规定，如果用人单位应当购买工伤保险而没有购买的，“由社会保险行政部门责令限期参加，补缴应当缴纳的工伤保险费，并自欠缴之日起，按日加收万分之五的滞纳金；逾期仍不缴纳的，处欠缴数额1倍以上3倍以下的罚款”。相形之下，其他国家和地区对于不购买工伤保险的行为的处罚要严厉很多，用人单位不仅可能承担高额的罚款，还可能面临刑事责任。以我国香港地区为例，根据《雇员补偿条例》第40条，雇主购买工伤保险是企业雇佣雇员的条件。不论该雇员从事的工作是全职还是兼职，对于违反购买工伤保险的强制性规定的，将同时承担最高港币10万元的罚款和最高两年的监禁。再如，美国新泽西州《工伤赔偿法》规定，雇主迟延支付工伤保险20日的，处以1000美元罚款；在这之后雇主仍未缴纳工伤保险的，每延迟缴纳10天，就需要承担1000美元罚款，并以此类推。同时，如果发生工伤，用人单位应当依法承担工伤者的各项工伤保险待遇。也就是说，对于那些应当履行工伤保险缴费义务而未履行的，在发生工伤后，法律将履行赔偿义务作为其承担责任的唯一方式。

第五，购买工伤保险的主体受到限制。“接受农民工提供劳务的单位既包括《劳动法》所规定的用人单位，还包括了非法用工单位。然而，这些‘非法用工单位’不具有用工主体资格，无法同农民工建立合法的劳动关系。”[1] 一旦发生工

[1] 何小勇.农民工工伤赔偿法律规制及其反思[J].天津法学,2014,30(1):41.

伤，农民工也就无法依据劳动关系主张工伤赔偿。同时，在购买工伤保险的层面，这些“非法用工单位”因为不具备用工主体资格，也就无法购买工伤保险。

第六，“互惠式”的工资支付模式为用人单位不购买工伤保险提供了激励。依据法律规定，养老保险、医疗保险、失业保险由用人单位与劳动者共同承担，而工伤保险、生育保险全部由用人单位支付。在实践中，有的用人单位为了节约成本，将“五险一金”以现金的形式“变通”向劳动者发放。这样，用人单位就以少于应缴纳法定数额支付给劳动者，劳动者每月拿到手的工资总额相应增加，也就不再要求用人单位为自己购买工伤保险。依据现行法律，用人单位并无义务告知劳动者是否为其购买了工伤保险，由于一些用人单位工资的发放形式为现金发放，劳动者没有工资单，不清楚用人单位是否为自己购买了工伤保险，也就无从督促用人单位购买工伤保险的情况。

此外，激烈的就业市场为雇主不购买工伤保险提供了“契机”与可能。近年来，受多重因素的影响，就业形势不容乐观。这一趋势正向高学历蔓延。在竞争激烈的就业市场中，在众多竞争者中脱颖而出谋得一份职业并不容易，用人单位是否购买工伤保险就退到了次要的位置。对于那些技术含量低、可替代性强的工种，多数劳动者因为缺乏专业性技术，在劳动力市场的谈判能力与议价能力均不强。因此，对购买工伤保险的心理预期，在一定程度上也随之降低。

近年来，随着我国劳动监管执法力度进一步加大，农民工劳动合同签订率逐年提高。但是，仍有个别企业不签订劳动合同。在农民工工伤保障的问题上，劳动关系成立是工伤索赔的前提条件，而劳动合同是证明劳动关系的最直接、最有力的证据；农民工无法出示劳动合同，工伤索赔的第一大障碍就出现了。

2.1.2　先行支付制度运行现状与原因

先行支付制度难以为农民工保驾护航。被视为能为农民工工伤提供兜底保护的先行支付制度在实践中运行不畅。2011 年，人力资源和社会保障部发布了

《社会保险基金先行支付暂行办法》，该办法第六条规定了职工或者其近亲属可以申请社会保险经办机构先行支付工伤保险待遇的四种情形："用人单位被依法吊销营业执照或者撤销登记、备案的；用人单位拒绝支付全部或者部分费用的；依法经仲裁、诉讼后仍不能获得工伤保险待遇，法院出具中止执行文书的；职工认为用人单位不支付的其他情形"，工伤者及其家属可以向社会保险经办机构申请支付工伤保险待遇。

在工伤先行支付制度运行伊始，实施效果并不乐观。2011—2012年，北京义联劳动法援助与研究中心采取电话采访的形式，对先行支付制度的实施情况进行了调研。调研以全国287个城市为调查对象，在246个有效样本中，有77.2%的城市作出了"不可接受先行支付申请"的回复。[1] 2017年9月，北京义联劳动法援助与研究中心发布了《工伤保险待遇先行支付制度》实施五周年的调研报告。调研机构统计了2011年7月—2015年年底，先行支付制度在全国的实施情况。调查涵盖了包括北京在内的20个城市。调查结果显示，实行工伤先行支付制度的省级行政区划地区已全部出现进入司法程序及劳动者胜诉的案例。同时，该研究中心在裁判文书网以"社会保险法第四十一条"作为关键词进行全面检索，自2011年7月1日—2016年4月30日共检索得到工伤先行支付案例117个。文中将Y、G、S、Q等西部六个省市进行了单独统计[2]，结果显示，这六个省市的工伤先行支付案件一共20件（不包括撤诉的3件），劳动者获得人民法院支持的一共13件，占案件总数的65%。

2018年12月14日，人力资源和社会保障部对《社会保险基金先行支付暂行办法》进行了修订，对于先行支付制度进行了调整，具体体现在第4条当中。

[1] 北京义联劳动法援助与研究中心. 北京义联工伤保险待遇先行支付制度2011年—2012年实施情况调研报告[EB/OL](2012-07-12)[2019-06-30]. http://www.yilianlabor.cn/yanjiu/diaoyan/1022.html.

[2] 北京义联劳动法援助与研究中心. 工伤保险待遇先行支付制度实施五周年调研报告[EB/OL](2017-09-21)[2019-06-30]. http://www.yilianlabor.cn//xinwen/2017/1789.html.

根据修订后的《社会保险基金先行支付暂行办法》，由于第三人的侵权行为造成伤病被认定为工伤的个人或者其近亲属可以向社会保险经办机构书面申请工伤保险基金先行支付。

修订后的规则，程序更加简化，即无须持工伤认定决定书和有关材料即可申请先行支付。修订后的支付办法保留了严苛的履行措施，以确保社保基金先行赔付后能够追偿。比如，第 13 条规定，社会保险经办机构支付保险待遇后应当责令用人单位在 10 日内偿还，若用人单位逾期不偿还的，社会保险经办机构可以向银行和其他金融机构查询其存款账户，申请县级以上社会保险行政部门作出划拨应偿还款项的决定，并书面通知用人单位开户银行或者其他金融机构划拨其应当偿还的数额。此外，该条还赋予了社会保险经办机构申请人民法院扣押、查封、拍卖的权利，通过将用人单位的财产变现，偿还其所欠数额。然而，工伤先行支付制度的实施问题不少与过去已经存在的问题一脉相承，有些则是随着时间的延长逐渐萌发和凸显的。[1]

其一，“先行支付”的资金来源于工伤保险基金，工伤者是否能够享受工伤保险待遇具有不确定性，一旦先行支付贯彻实施，可能会给工伤保险基金带来风险与压力，影响其未来的支付能力。

其二，追偿难以实现。《社会保险基金先行支付暂行办法》第 13 条规定了社会保险经办机构对用人单位的追偿权，社会保险经办机构向不应享受工伤保险待遇的工伤者支付了工伤保险待遇后，向用人单位追偿。然而，一旦用人单位被吊销执照或者撤销登记、备案，主体不存在，追偿将变得极为艰难甚至难以追偿，更遑论先行支付暂行办法中所提及的利息损失。北京义联劳动法援助与研究中心长期对我国先行支付制度进行跟踪研究。该研究中心统计了 42 个地区的先行支付情况，时间跨度为 2011 年 7 月 1 日—2020 年 12 月 31 日。从 42

[1] 北京义联劳动法援助与研究中心. 工伤保险待遇先行支付制度实施五周年调研报告[EB/OL](2017-09-21)[2019-06-30]. http://www.yilianlabor.cn//xinwen/2017/1789.html.

个地区的追偿情况来看，追偿率不到10%。[1]

其三，“守法者替违法者买单”成为先行支付制度被诟病的重要原因。在先行支付制度之下，不享受工伤保险的工伤者的费用从工伤保险基金中支出，未缴纳工伤保险的企业虽会被工伤保险基金追偿，但对于社会保险经办机构而言，即使可以对用人单位进行追偿，也将耗费大量的人力成本与时间成本。

其四，由于没有劳动合同，即使在接受先行支付申请的城市，申请人也难以满足先行支付的首要条件——“证明劳动关系存在”。此外，根据《社会保险基金先行支付暂行办法》第6条的规定，职工被认定为工伤后，职工或者其近亲属可以持工伤认定决定书和有关材料向社会保险经办机构书面申请先行支付工伤保险待遇。即请求先行支付的前提是已经被认定为工伤。可以看到，“行动中的法”与“纸面上的法”的落差，导致了农民工工伤保障链条的断裂。

此外，相关配套细则缺位，成为阻碍先行支付制度贯彻落实的一个重要原因。

先行支付制度是专门针对不享有工伤保险的劳动者的兜底性保护制度，使那些不享受工伤保险的农民工群体成为该制度的最大受益者。然而在落实中存在各种问题，如部分经办机构怠于履行受理与核定工伤保险待遇先行支付申请的法定职责，一些地方对“工伤保险待遇先行支付”的适用条件采用限缩性解释，跨地域生产经营企业的职工工伤保险待遇先行支付申请地不明确等[2]，使实现工伤保险待遇先行支付存在较大困难。这为农民工通过多种方式维权拉开了序幕。

---

[1] 黄乐平，韩容. 工伤保险先行支付制度实施十周年调研[J]. 劳动保护，2022(1)：83-87.

[2] 黄乐平，韩容. 工伤保险先行支付制度实施十周年调研[J]. 劳动保护，2022(1)：83-87.

2.2　农民工工伤维权困境

2.2.1　农民工的经济资本与维权困境

从全国范围来看，我国农民工总体收入水平不高。从图 2-2 可以看到，全国农民工人均收入虽呈逐年递增的趋势，然而其总体收入并不高。2017—2021 年这 5 年间，农民工的月平均收入呈逐年递增的趋势，但从收入的绝对值来看，农民工的收入并不高。2017—2021 年，农民工的月平均收入只有 3934 元，除去日常生活与居住开支，结余并不多。

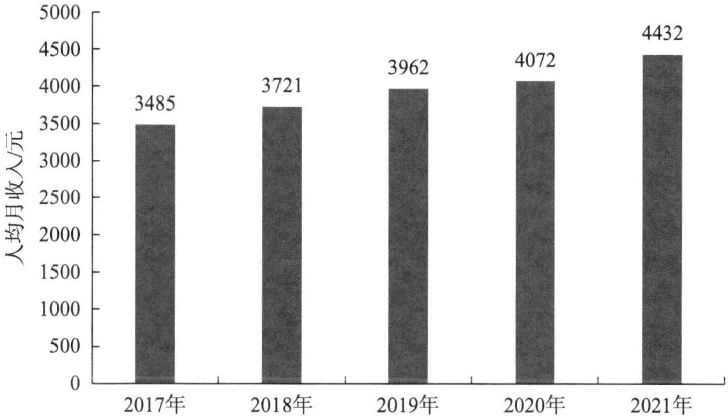

图 2-2　2017—2021 年农民工人均月收入

数据来源：国家统计局《2017—2021 年农民工监测调查报告》。

农民工经济收入情况制约了其社会资本的获得。经济资本是对社会物质财富积累、控制、占有的总和。经济资本是所有其他类型资本的根源[1]，也是所有资本的决定性力量。[2] 经济资本与社会资本的积累、人际网络的建立密不可分。

---

[1] 宫留记. 布迪厄的社会实践理论[M]. 开封：河南大学出版社，2006：116.

[2] 王贻志，周锦尉. 国外社会科学前沿[M]. 上海：上海社会科学出版社，2002：466.

经济资本的拥有者与社会资本的拥有者以各自为中心，向外推开水波❶，经济资本越是丰厚，各自社交圈重叠的可能性越大，其推开的水波纹相互影响并形成交集的可能性亦越大。通常情况下，越是拥有丰厚经济资本的人同其他资源拥有者相遇并互惠、互利的机会也就越大。相反，“经济资本的萎缩带来社会资本的减少”❷。在经济资本匮乏的情况下，农民工自身社会资本有限，难以同其他社会圈层形成重叠，也就制约了其获得社会资本的能力。

“个体所拥有的社会资本会直接影响其行为选择。社会资本是从嵌入于社会网络的资源中获得的，植根于社会网络和社会关系。”❸

农民工经济资本的匮乏影响了其社会资本的积累能力。经济资本的多寡同社会资本的拥有呈正相关，在费孝通所提到的“差序格局”中，处于格局中心的成员占有各种社会稀缺资源，由中心向外，成员所占有的稀缺资源对于自我需求来说是递减的。中心成员与其他成员关系是互惠、互利的。其他成员要想利用中心成员吸取资源，通常需要礼物的赠与、情感的投资与关系运作，才能被中心成员延展开来的“水波纹”影响。投入的多少取决于同中心成员的关系远近，决定了对稀缺资源的利用程度。有学者一针见血地指出，“利益维度决定人际关系的亲疏远近”❹，所以，农民工要积累社会资本并非易事。

在工伤维权中，经济资本匮乏使得不少农民工难以获得专业的法律服务。“贫困饥饿不仅是收入问题，还涉及对可行能力的剥夺，这些组成可行能力的功能性活动之间相互联系、互相影响。”经济资本的萎缩带来文化资本的减少。❺

❶ 费孝通. 乡土中国[M]. 上海:上海人民出版社:2007.

❷ 杨雅厦. 农民应对农村社会风险的问题治理:基于可行能力的分析视角[J]. 四川理工学院学报(社会科学版),2013,28(6):18.

❸ 杨翠萍,贺婧雅. 女性农民工维权行为的影响因素研究—基于472份问卷数据的分析[J]. 华中农业大学学报(社会科学版),2017(2):70.

❹ 卜长莉. “差序格局”的理论诠释及现代内涵[J]. 社会学研究,2003(1):27.

❺ 杨雅厦. 农民应对农村社会风险的问题治理:基于可行能力的分析视角[J]. 四川理工学院学报(社会科学版),2013,28(6):18.

一方面，在工伤维权中农民工试图获得专业的法律知识，另一方面，经济上的捉襟见肘使其无法聘请专业的律师。在调研中，S 省 N 市的一位律师透露：“一些农民工在发生了工伤后他们会到多个律师事务所进行咨询。很多人其实并不想请律师，只是想获得‘免费法律培训’，一个案件经过三五个律师分析案情，农民工自然就对索赔需要哪些步骤，案件的难点在哪里，最终可能获得的赔偿数额这些基本要素了然于胸。但是，为了节约律师费，一番咨询后，大多数农民工不会轻易聘请律师，而是自己去和老板协商。”现实情况是，农民工没有经过系统法律知识的学习，同用人单位“交手”并不能达到理想的维权效果。如果伤者在异地就业，其家属多在家乡聘请律师，前往工作地点谈判和参与诉讼活动，而一旦聘请律师，则意味着至少要支付律师费、交通费、住宿费等。如果伤者家属陪同，又将多出一笔开支，收入微薄的农民工家庭是负担不起的。

可见，农民工经济收入情况成为其工伤维权中的“软肋”。对于农民工而言，一旦启动维权程序，即自然意味着与用人单位“撕破脸皮”，工伤赔付结束后，农民工多选择自动离职或被原单位以各种理由辞退。失去工作即失去了收入来源，要维权则意味着付出和承担极大的经济成本与心理成本。

2.2.2　农民工的文化资本与维权困境

要解决农民工工伤维权难，需要研究农民工在工伤维权行动中的表现，那么农民工拥有怎样的文化资本？其文化资本的拥有情况是否影响维权行动？如果答案是肯定的，文化资本又如何影响农民工的维权行动的？只有厘清这些关系才能找到农民工工伤“维权难”的原因，从而对症下药。[1]

文化资本是指一种能够得到社会承认的权威。[2] 也有学者将文化资本概括为

---

[1] 宫留记. 布迪厄的社会实践理论[M]. 开封：河南大学出版社，2006：117.

[2] 布迪厄. 当代思想家访谈录文化资本与社会炼金术：布迪厄访谈录[M]. 包亚明，译. 上海：上海人民出版社，1997：190.

“被制度化的、广泛加以接受的、高声望的文化符号”❶。布迪厄将文化资本分为三类：经过长期的教育、训练所形成的能力、知识或技能、文化水平或某种技能；制度化的某种资格的形式，比如，律师资格证、建筑师资格证等；具有某种文化性质的物品，比如字画、古董等。❷

2.2.2.1 农民工的文化水平

比照“文化资本”的概念，我们来看农民工拥有的文化资本。2022年4月国家统计局发布了《2021年农民工监测调查报告》，根据历年的调查报告，对2017—2021年农民工文化程度进行了统计（见图2-3）。

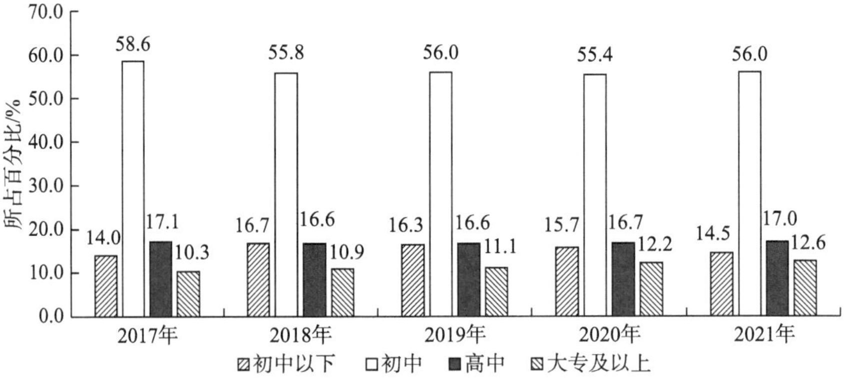

图2-3 2017—2021年农民工文化程度及对比

数据来源：国家统计局2017—2021年农民工监测调查报告。

从总体上而言，我国农民工受教育程度普遍不高，其文化水平的分布呈“纺锤形”。大专及以上文化、初中以下文化的农民工分别处于纺锤的两头，在农民工的总数中占比不多，而初中文化程度的农民工占到了统计样本的一半以上。值得注意的是，从五年的统计数据来看，初中及初中以下文化的农民工在

❶ 李长吉，张文娟．教科书的农村适切性研究［M］．北京：科学出版社，2012：28．

❷ 布迪厄．当代思想家访谈录文化资本与社会炼金术：布迪厄访谈录［［M］．包亚明，译．上海：上海人民出版社，1997：190．

所有样本数量中年占比相对稳定，七成以上的农民工均只具有初中及以下的文化水平。

2.2.2.2　农民工的文化水平对其法律意识的影响

农民工的文化水平影响了其法律认知与法律意识。表现在四个方面。

（1）农民工的文化水平有限，一些法律条文晦涩难懂，专业性较强，在维权过程中对这些信息进行准确理解都有困难，更谈不上对法律的使用驾轻就熟。比如，《工伤保险条例》第 14 条第 6 项规定“在上下班途中，受到非本人主要责任的交通事故或者城市轨道交通、客运轮渡、火车事故伤害的”应被认定为工伤。这种认定属于“视同工伤”。那么，什么是上下班途中？哪些是“非主要责任”？谁来承担举证责任？如发生交通事故，交警部门进行的责任划分是否可以作为依据？这些问题都为农民工工伤维权带来困扰。

（2）农民工对于学习法律知识的动力不足。B 市法律援助工作站曾经开办了全国首家农民工法律知识教育学校，工作站聘请了有农民工案件代理经验的律师为农民工免费授课，为减轻农民工经济负担，学校为每位听课的学员发放公交卡，但是农民工主动听课的意愿不强。[1]

（3）农民工对劳动法相关法律、政策的认知不够，导致其对自己作为劳动者的权益不够清楚，也导致了在维权中不能有效维护自己的权益。以先行支付制度为例，有的农民工甚至不知道有这个制度的存在。

（4）农民工的知识背景不同、生活背景各异，都会影响法律的认知水平，他们有一定的法律认知，但是这些认知中包括“错误、不确切甚至问题百出的浅薄的法律知识”[2]。

---

[1] 赵樱泽. 工伤赔偿，农民工缘何走调解少拿 20% 也不走诉讼程序［N/OL］.（2013-11-07）［2019-06-04］. 工人日报，http://right.workercn.cn/147/201311/07/131107111542444.shtml.

[2] 莱塞尔. 法社会学导论［M］. 高旭军，译. 上海：上海人民出版社，2008：293.

2.2.2.3 农民工法律意识的特征

在工伤维权中，对于工伤赔偿方面的法律知识，农民工又了解多少呢？他们的法律意识又具有哪些特点呢？笔者对此专门进行了调研。以下对话是笔者在S省N市两个建筑工地的调研的摘录，接受访谈的农民工分别来自附近N市D区、S区、W县几个乡镇，他们长期在N市各个建筑工地工作。通过对话的分析，可以从一个微观的视角掌握农民工的法律认知和维权意识，从而更好地把握与研究后文中他们在工伤维权行为中的种种表现。为了防止混淆，在访谈笔录中对访谈对象冠以了不同的代称。为了和农民工打成一片，以获得最客观、真实的信息，笔者运用了当地方言和农民工交谈。

访谈笔录一（地点：S省N市D区某建筑工地门口）

笔者：你们在这个工地上有没的劳动合同？

农民工甲：老不哄少不欺，我们是亲戚朋友介绍过来的。没有劳动合同，没得必要订合同。

农民工乙：你要啥子合同嘛，反正我们也干不了好久，一两个月就走了。

笔者：老板为你们买意外保险没有？

农民工甲：不晓得，搞不清楚。他们老板让我拿身份证复印件，才给你造工资表。

笔者：老板没有给你们买工伤保险吗？

农民工丙：不晓得，那些买工伤保险的是（大）公司里面，他们都是正规单位，我们是在二老板（转包人）手上做工的，他们哪里可能买嘛。

农民工乙：我们自己不想（用）那些钱（工伤保险赔偿款），出了事那些钱是给我们父母用。哎呀，不会那么霉（巧遇工伤），通过熟人介绍来的。打工嘛，哪里有活路就到哪里干。

笔者：你们干了多久了？

农民工乙：四十多天，还没有发工资。

笔者：你们不怕老板跑路吗？

农民工乙：跑路？哪里跑得脱，跑了路也不止我一个（拿不到工钱）。

笔者：在没有防护网的脚手架上干活出了事，老板跑了咋个办呢？

农民工甲：哪里跑得脱，他有身份证的嘛。

农民工丁：现在劳动局要管，还有刑警大队也要管。

笔者：你们现在干的活路，老板都是转了几次手了？

农民工乙：老板那么多，哪个晓得。我们只管干一天活路拿一天钱。

农民工甲：那些不大不小的老板（二级、三级承包商）跑的多，大老板（工程发包方）是跑不了的。

农民工甲：老板跑路我们打工的怕啥子，政府要出钱。

笔者：你们有没有要求老板买工伤保险？

农民工丙：买不买（工伤保险）都无所谓，如果他买了呢，你自己都不晓得，咋个问？你自己一个人要求（买工伤保险）怎么可能？

访谈笔录二（地点：S 省 N 市 L 县某建筑工地食堂）

笔者：师傅，你们这里出了工伤事故咋个办呢？

农民工 A：那是运程不好嘛，（政府、用人单位、伤者自己）一个解决（承担）一点嘛，保险公司要解决一点嘛。公司（用人单位）也要解决一点嘛。

农民工 B：买了意外险，一般标准是 60 万。

笔者：出了事故，有些黑心老板跑了路的。

农民工 C：身份证在网上都查得到的嘛。

农民工 B：哪里跑得脱，都要赔。

笔者：干得长久些会不会让老板买保险？在工地上出了事（工伤事故）都能赔好多钱呢？

农民工B：手指头要分等级。大拇指和二拇指（食指）最值钱。一共十个级别。

由上述内容概括农民工的法律意识特征如下：

（1）农民工在工伤赔偿方面的权利意识欠缺。农民工权利意识欠缺具体表现在：对于个体的权利、义务、责任认知的混乱；无法有效地将权、责、利准确地同对应的法律主体匹配；在看似合理的逻辑中自行得出某些结论与推断；农民工对于事故的发生普遍存在侥幸心理。比如农民工丙认为，工程承包是通过政府承包下来的，发生了工伤是政府监管不到位的结果，因此政府需要承担工伤赔偿责任。农民工对于工伤维权并非一无所知，具有一定程度的认知。又如，农民工B就雇主对工伤者有赔偿的义务这一认知，不仅知晓工伤等级分为十级，也知晓获得赔偿需要伤残鉴定，甚至能将工伤等级与伤残部位进行最为粗略的对应——“大拇指和二拇指（食指）最值钱”。然而，“现在什么事情都讲个‘钱’字”，体现了农民工在片面的、粗浅的法律认知背景下，担忧维权过程的公正性，臆断维权处理结果的公正性。再如，农民工乙认为，“反正干不了多久”，因此，不需要签订劳动合同。

（2）农民工对工伤保障方面的具体权益的认知存在误识。他们不清楚用人单位或雇主有购买工伤保险的义务，而误认为工伤保险是大公司买，因为他们是“正规单位”。农民工对于监管机构并没有清楚的认知。农民工丁就认为，“劳动局要管，还有刑警大队也要管”。农民工对工伤赔偿主体的认知是模糊的。比如有农民工认为发生工伤事故，“政府起码要出80%”。有的农民工利用其他案件甚至其他性质的案件的处理进行比照，主观推断出工伤赔偿案件可能得到的结果。比如有的农民工就从抢银行的最终被击毙推演出工伤赔偿不会落空的论断。

（3）法律意义上的权利意识让位于朴素的道德观与公平正义感。农民工利用自己内心最朴素的公平观念——“老不哄少不欺”来衡量和预测他人的行为，所以他们认为，“要啥子合同呢”。获得这种公平正义感又源于农民工最朴素的“人情信任”。[1] 比如，农民工乙认为工作的取得是通过亲戚朋友介绍获得，把短时间的工作的保障，与发生工伤后承包商和政府都要承担责任等同起来。

（4）农民工的维权意识中存在“搭便车”的思想，这种思想源于农民工对维权过程的烦琐的心理预设。在访谈中，可以看到农民工对个体性维权的抗拒与否定。比如说，在提到农民工有权要求用人单位购买工伤保险时，很多人提出“一个人要求怎么可能”，表现出他们法律意识的薄弱和维权意识的淡薄。而正因为这种维权意识，才会有“跑了路也不止我一个”的心态，才有了“搭便车”的心态。与此同时，这种搭便车的心态又折射出他们在维权行动上的自我放弃与懈怠。

（5）“地方性知识”是农民工法律知识的来源之一。S 省 N 市的 W 县是产煤大县，吸纳了众多当地农民在煤矿就业，在煤矿打工的收入成为部分家庭的主要收入。长期以来，煤矿各种大小事故使当地人熟知工伤赔偿金额与程序，在当地劳动仲裁委员会调研时，仲裁办主任透露：“我们这里如果企业发生了工伤事故，农民工一般都知道伤残等级所对应的赔偿金额。”

2.2.2.4　农民工并不总是能够通过法律服务补强法律知识

（1）农民工工伤维权中，并不总是主动寻求专业的法律服务。

在寻求专业法律服务协助其工伤维权方面，在“文化资本”这一范畴的基础上，有学者对文化资本的范畴进行了细致的分类。其中，知识、伦理、规范与法治等内容都被含射在文化资本的范畴当中。[2] 因此，拥有法律知识的多少，

---

[1] 陈若冰. 女性农民工法律意识现状研究[J]. 人民论坛. 2012(36):114.

[2] 哈里森. 多元文化主义的终结[M]. 北京:新华出版社,2017:1.

是判断文化资本的因素之一。受制于教育水平与法律知识的专业性等原因的影响，农民工的法律意识还有待进一步加强。通过对专业人士进行法律咨询、聘请律师为其代理，无疑是补足法律知识，提升文化资本的重要手段。但是，受制于经济收入、认知水平等因素，农民工并不总是主动寻求律师的帮助。原因主要有两点。

第一，专业的法律服务将增加农民工在工伤维权中的胜诉概率。但是，由于工伤赔偿案件耗时较长，律师的代理费通常在短时间内不能全部兑现，这对律师代理农民工工伤赔偿案件不能形成有效激励。

第二，在我国的律师收费制度中，赔偿金额与律师费并未采用“分离式”。通常情况下，我国的律师费用采取分期给付的方式，或者在律师服务结束后由委托人支付，律师费并不直接从委托人的赔偿款项中直接扣除。所以，律师代理、服务费用的收取并无可靠的保障。律师代理农民工工伤赔偿案件通常也是如此。反观其他一些国家，其律师收费制度就对律师提供代理形成了极大的激励。比如，在美国的一些州，律师的报酬直接从赔偿款中支付，这有效地消除了律师的担忧。在纽约州，在复杂的工伤赔偿案件中，工伤者需要聘请律师的，律师费将由工伤赔偿委员会直接从工伤者的赔偿款中扣除。在阿肯色州，在有争议的工伤赔偿案件中，律师费一半由雇主或保险公司支付，一半从工伤赔偿金中支付。一定程度上，由于有了收费的保障，律师有了积极性，其提供的服务也更加优质。

（2）法律援助制度还需完善。

从我国的法律援助现状来看，法律援助制度还存在以下几个方面的不足，需不断完善，以满足农民工工伤维权需求。

第一，我国虽拓宽了法律援助渠道，开通了法律援助绿色通道，简化了对受援者的资格审核程序，但仍有不足。比如，笔者在调研中了解到，S省N市政府规定，每个区、县一年的法律援助指标为120～150件，而援助中心在办理援助手续过程中，多数为刑事案件的援助。不仅如此，该市还规定，同一名农民工一年只能受援一次，一审受援后，二审就不能被批准受援。

第二，获得法律援助需要达到申请准入条件，一要申请人的经济收入条件，二是案件类型的标准。以《四川省法律援助条例》为例，第9条规定了经济困难的标准，因交通事故、医疗损害、工伤事故等侵权行为造成损害请求赔偿，如因经济困难没有委托代理人的，可以向法律援助机构申请法律援助。第14条界定了“经济困难”的标准。其中包括了“没有固定生活来源的残疾人或者患有严重疾病的人”和“农村居民享受最低生活保障待遇或者领取农村特困户救济的人”。现实中，仍有不满足这些条件而不能被法律援助所覆盖的人群。

第三，近年来，我国法律援助事业取得长足进步。但是，法律援助机构仍在一定程度上面临资金不足与人才流失等情况。

从2006年中华全国律师协会下发《中华全国律师协会关于推动农民工法律援助工作的意见》至今已有十多年，在中央财政，全国律协的领导下，各级司法部门的推动下，各地方农民工法律援助工作中心先后建立。这对农民工的法律维权无疑是雪中送炭。然而十多年来这些机构在运行中也面临着相关的挑战和困难。以S省WX律师事务所为例，其成立于2015年，是一家专门从事法律援助和农民工职工维权的律所，曾获得司法部“全国法律援助先进集体”的荣誉称号，但其面临三方面的困难：第一是工作任务重，工作人员少。律所除了法律咨询和案件代理，还承担着立法研究等任务。第二是资金不足。律师事务所提供法律援助的资金主要来源于案件办理的补贴，援助案件数量越多，获得的相应补贴也就越多；然而，从工伤赔偿的程序来看，从案件的接手到结案，少则几月，多则一年多两年，办案人员付出的精力多与获得的回报不匹配。第三是人才流动率高。律师面临生存的压力，而较低的报酬使专业的公益法律服务人才流失严重，所以呈现了农民工法律援助需求量大，而法律援助人才缺口大的局面。

2.2.2.5 文化资本匮乏之下的行为选择与维权困境

法律知识的匮乏难以支撑起农民工的维权行动。而法律知识与侵权认知是采取维权行动的前提要素。只有意识到自己的权益受到了侵犯，才会采取行动争取权利。在劳动法领域，对劳动法的认知的程度同农民工进行利益抗争的程度成正比。❶ 所以，有学者一针见血地指出，“法律资本的匮乏直接决定了自身利益认知不够”，而客观上导致了“利益不能充分表达或表达效能低下”❷。

文化资本不同导致举证成本的不同。文化程度越高对于诉讼的发生更有心理预期，对于诉讼的举证更有可能亦更有能力保全或者拒绝提供相关材料。相较于农民工，雇主拥有更为有力的智力支持。

农民工的文化水平、法律认知的现状为农民工的维权行动提供了铺垫。文化水平决定了维权行动中的策略选择。有学者对北京、成都、深圳、苏州的2617个农民工样本进行研究，在年龄、婚姻状况、性别、教育等因素中，教育水平对于法律意识的影响是显著的且二者呈正相关，相关度高达99%。同时，那些文化水平较高的人更倾向于采取制度化的策略。❸

2.2.3 农民工的社会资本与维权困境

社会资本是个体在社会关系网络中的资源，具有提升社会共同福利的社会组织特征，它包括能够为行动与合作提供便利的网络与信任。❹ 从个体同群体相联系的原因来看，血缘关系、地缘关系是人与人之间基本的纽带。这些纽带构架了普通个体的社会资本。同时，现代组织关系是一种组织型社会资本，以血

---

❶ 蔡禾，李超海，冯建华. 利益受损农民工的利益抗争行为研究：基于珠三角企业的调查[J]. 社会学研究，2009，24(1)：151.

❷ 李尚旗. 农民工利益表达机制存在的问题及其完善[J]. 山东社会科学，2010(8)：124.

❸ WONG L D. Chinese migrant workers: rights attainment deficits, rights consciousness and personal strategies[J]. The China Quartely, 2011, 208: 883-886.

❹ 冯仕政. 沉默的大多数，差序格局与环境抗争[J]. 中国人民大学学报，2007(1)：131.

缘和地缘为纽带的农民工群体，为他们的组织化提供了必不可少的关系网络，这使得他们融入城市的过程变得行业化和关系化。但是，随着城镇化进程的推进，血缘关系、地缘关系被逐渐弱化和淡化。作为组织型社会资本的农民工工会、其他社会组织发挥作用的范围也相对有限。[1]

2.2.3.1　农民工工伤维权中难以得到地缘关系的支持

对于离乡背井务工的农民工群体而言，要想以地缘为支撑获得工伤赔偿上的助力尤为困难。社会资本在提升共同福祉的行动与合作中，具有社会组织的特征，能够推进行动与提供便利，网络与信任均可被包含其中。在城镇化程度不高的时期，农民工以务农作为主要生活来源方式，血缘和地缘是其最主要的社会资本。[2] 相较于农业生产，进城务工通常可以获得更大的收益，这成为农民工离乡的动力。然而，部分中国农村家庭并不愿意永久性地离开乡土，在进城务工的农民工中，其多数家庭成员仍留守于农村。这导致了中国农民工的迁徙呈现周期性的特点，这种周期性的特点又使农民工在城市中难以建立长期稳定的人际关系网络。[3]

在社会分工程度不高的背景下，血缘联系为地缘联系提供基础，人际关系主要以血缘、地缘为纽带而联系并形成交集。然而，社会流动的加速同人与人之间的异质性、松散性相伴而生。人与人之间多次交往的机会减少，多数人是一面之交，公寓式的住宅模式取代了“低头不见抬头见”的居住模式；快速的生活节奏挤压了人们的休闲时间；高速发展的媒体、网络使人足不出户即可尽知天下之事。由此一来，乡土社会下邻里围坐一起，闲话家长里短的情形难以

---

[1] 杨舸.政府的职责定位与农民工组织化中社会资本的整合:基于南昌市“散工劳务超市工会”的调查[J].中国劳动关系学院学报,2017,31(2):101-109.

[2] 李俏,马晶玉.从血缘到地缘:农村代际互助拓展的可能与范式[J].江南大学学报(人文社会科学版),2020,19(6):92.

[3] ZHAO Y H. Leaving the Countryside:Rural-to-Urban Migration Decisions in China[J]. The American Economic Review,1999,89(2):281-286.

重现，传统社会下“欠人情”“还人情”的逻辑被现代生活模式冲刷、异化，原有的地缘关系下互惠型的行动特征被模糊、淡化。

2.2.3.2 农民工工伤维权中难以获得业缘关系的支持

随着城市化进程加快，原有血缘、地缘关系不断被剥离的同时，业缘关系则不断被强化，然而，业缘范围内的信息交流、互帮互助极为有限，流动人口进入城市有较强的自我保护意识，基于业缘关系的信任与互助，需要时间和实践的打磨与检验。[1] 发生工伤事故后，农民工也难以从同事那里得到有效支持。为便于管理，有的企业将互为老乡、同学的人群分配到不同的宿舍、班组、车间；在同一宿舍中的工友，由于分配的部门不同，上班时间不一致，同事之间的交流是非常有限的；有的行业流动性大，同事彼此之间尚未熟悉就离开了。随着工业化与城市化进程的推进，以血缘和地缘为基础的互助也逐渐弱化。尤其是新生代农民工，“他们很少从事农业生产，对土地的情感并不深厚”[2]，以地缘关系为纽带的情感逐渐淡化。

与讨薪、加薪等群体性行为不同，农民工工伤赔偿维权通常是单打独斗的“一个人的战斗”。同群体性的劳动者维权行为相比，个体化的维权行为更为艰难，以奥尔森的“人是理性动物”之假设作为前提，相较于影响其生存状况的加班、加薪等，对其他个体进行工伤维权的协助所带来的收益似乎并不能对行动者产生太多激励。换言之，“碎片化”的个体利益，难以将其他非利益相关者卷入其中，掀起大的波澜。换言之，在讨薪等行动中，每个人都是利益相关者。在共同利益的推动下，能形成集体行动。“当某些个体想要退出时，将受到集体的惩罚，比如，非议疏远甚至断绝关系等威胁。”[3]

---

[1] 侯东栋，王晓慧. 流动人口的城市融合：从疏离到结缘：基于差序格局理论的分析[J]. 西北人口，2018，39(1)：54.

[2] 陈春，于立，吴娇. “人的城镇化”需解决农民工融入城市的制约因素：重庆农民工调研分析的启示[J]. 城市发展研究，2016，23(7)：12.

[3] 岳红举. 法律经济学视角下的失地农民群体性事件研究[J]. 商丘师范学院学报，2017，33(5)：90.

2.2.3.3 协助农民工工伤维权中，工会作用未能充分发挥

在我国，工会在保障农民工社会权益中的作用广受关注。比如，工会在帮助农民工维权，提高农民工参加城镇职工养老保险、工伤保险的参保率等方面起到了重要作用。但在协助农民工工伤维权中，工会组织的作用未能充分发挥，主要受以下三方面影响。

第一，由于对工会作用的认知不足等原因，农民工加入工会的入会率并不高，影响了其及时、有效获得工会的帮助。[1] 从国家统计局发布的数据来看，2021 年加入工会组织的进城农民工占已就业进城农民工的比重为 14.5%。[2] 保护劳动者的权益是工会的主要职能之一，在工伤赔偿中，工会组织发挥着重要作用。美国学者以美国 1977—1992 年的数据为样本进行了统计。其研究结果表明，工会成员比非工会成员更易获得工伤赔偿。同时，他们对赔偿金额与获得赔偿的等待也更为敏感。[3] 农民工对工会的认知情况对农民工工会参与行为有显著的正向促进作用。[4]

第二，近年来，我国工会事业蓬勃发展，但随着社会的新发展，群众的新期待，工会工作仍不断面临新的挑战。党的十九大报告明确提出要“完善政府、工会、企业共同参与的协商协调机制，构建和谐劳动关系”。对此，各地做了诸多有益的尝试，如 2021 年，浙江平湖发布全国首个非公企业工会建设地方标准规范——《新时代非公企业工会建设规范》，该规范围绕工会工作的基本要求、工作模式、资格认定、分级管理等内容提出了要求，让工会队伍建设更加标准

---

❶ 张艳华. 论农民工劳动权益保障的工会效应:基于流动人口动态监测调查数据的经验验证[J]. 中国劳动关系学院学报,2022,36(3):98.

❷ 2021 年农民工监测调查报告[EB/OL]. (2022-04-29)[2022-07-28]. http://www.stats.gov.cn/xxgk/sjfb/zxfb2020/202204/t20220429_1830139.html.

❸ HIRSCH B T,MACPHERSON D A,DUMOND J M. Workers's Compensation recipiency in Union and Nonunion Workplaces[J]. Industrial and Labor Relations Review,1997,50(2)213-236.

❹ 郑琪,汪雯. 社会资本对农民工工会参与的影响研究:以苏州市为例[J]. 中国林业经济,2019(3):11.

化、规范化、程序化。[1] 这为工会助力会员维护其合法权益打下了坚实的基础。但是，这个建设规范并未在全国推广。有学者的研究表明，工会对员工就业权、劳动报酬权及职业培训权的保障有显著正向作用，在协助工会会员维权的力度上，部分企业工会的工作还需更加扎实、细致。[2]

第三，基层工会的资源相对较少，力量相对较弱。一些基层工会把主要关注点放在建设、教育等职能上，参与和维护职能没有得到有效发挥。[3] 同时，从现有法律赋权来看，工会权利多为柔性权利，在对农民工权益的维护上，作用相对有限。比如，根据《中华人民共和国工会法》（以下简称《工会法》）第2条、第6条规定，工会依法维护职工的合法权益，工会组织对用人单位的工伤保险工作实行监督。然而工会如何监督、是否能够强制用人单位购买工伤保险，在该条例中并无明确的规定。《工会法》第21条、第23条规定了工人的维权途径：第一，工会可以提请人民政府或相关部门处理，或者向人民法院起诉；第二，当企业、事业单位违法，与其交涉并要求更正，如拒不改正的，请求人民政府处理。从条文中可以看到，不论对于自身的保护抑或对于工人之保护，工会对于违法行为并无多大的威慑力。

2.2.3.4　协助农民工工伤维权中，其他社会组织的作用有限

工伤者进行维权的过程中，一些农民工也会求助于农民工工会、老乡会等社会团体。但是，这两种组织型社会资本对农民工工伤维权的作用有限。一方面，农民工工会数量少，吸纳能力有限，加之资源不足等原因，难以真正履行

[1] 姚心辉. 平湖发布全国首个非公企业工会建设地方标准规范[J]. 工会信息，2021(3)：48.

[2] 程虹，王越. 工会维权与员工的消极性权利：基于中国企业-劳动力匹配调查数据的实证检验[J]. 暨南学报(哲学社会科学版)，2018，40(4)：74-87.

[3] 徐景一，朱晨朔. 群团改革背景下地方工会改革模式比较研究：以上海、深圳两地为例[J]. 山东工会论坛，2021，27(4)：34.

保障农民工利益的职能。[1] 农民工工会在我国部分地方运行，并对农民工维权起到了极好的协助作用，但是，从总体上来看，农民工工会并未出现遍地开花的现象。另一方面，其他社会组织发展程度不高，协助工人尤其是农民工进行维权的效果不尽如人意。

第一，民间组织的身份尴尬，削弱了其作用。部分社会团体自身力量薄弱，一些以农民工维权为目的的草根非政府组织极难成功注册。制度性供给不足使得这些维权组织难以顺利生根、成长。同时，这些组织还面临制度、资金、人员供给不足等问题。由此，这些民间农民工的维权组织难以对农民工工伤维权提供有效的支持。第二，其他民间力量的发展未出现繁荣的图景。由于相关法律尚待完善。比如，民间组织的经费筹集、使用税费待遇、管理体制等尚需法律的界定与保障。这导致了一些民间组织透明度不高，内部管理混乱，使得公众对民间组织不够信任，这也在一定程度上制约了民间组织的发展。[2]

2.3　农民工在工伤维权中的行为选择

2.3.1　资本匮乏下形成的符号资本与行动惯习

在资本匮乏的背景下，农民工自我判断与认知是怎么样的？如何影响其行为选择？农民工在工伤维权中有哪些方式？要解决农民工工伤赔偿难的问题，有必要进行更深入的探讨。

经济资本、文化资本与社会资本的匮乏，使得农民工在工伤维权过程中面临一些挑战和困难，也为农民工带来符号资本。符号资本是有形的“经济资

---

[1] 郭道久，王娇. 组织依托和权益保障：农民工工会的现实作用及发展方向[J]. 山西师大学报（社会科学版），2019，46(6)：82.

[2] 熊光清. 中国民间组织的主要功能、制度环境及其改进路径[J]. 哈尔滨工业大学学报（社会科学版），2013，15(4)：24.

本”被转换和被伪装的形式。[1]“符号”是对事物的一种抽象、提炼与概括，是一种象征性的等同，比如，提到事物A自然会联想到其具有某种特征B，而提及B特征自然会将事物A包括在其中。所以，符号资本与象征资本同义。[2]

“农民工”是城乡二元结构体制的产物。以此为基础，有的农民工将自身进行“自我类别化”。这种自我类别化的过程来源于两个途径：一是在同社会其他个体的交互过程中产生；二是在某种游戏或活动中遵循某种规则，在这种规则下对自己身份的自我认知。[3] 这种自我类别化通过比较与认知形成，从而产生对自己所属群体的认同，对自己作为所属群体的成员身份特征的默认。长期以来，农民工群体从不缺少媒体的关注。在媒体关于农民工维权的报道中，“多方”“多年”“终获”等高频词汇传递出农民工维权艰难的信号。在这些信息传递的过程中，公众将农民工及农民工维权行为标签化，而这一过程亦是农民工自我标签化的过程。

农民工的身份认同，产生并创造了其行为方式与特征。一定的习性衍生出与之相匹配的社交策略。习性决定行为特征，行为特征反映行动者的习性。习性蕴含了分类的意蕴，即通过区分“个人位置”，从而暗含并折射出了“他人的位置”。这是社会的产物，通过在相应场域中不断实践、操练而生成。习性可以被视为行为倾向，由一系列性情构成，它是特定的生存条件和“条件制约”相互作用、共同构成的[4]，从社会经验而来，同一社会阶层的社会成员生成相同或类似的习性。这些习性形成了某些行为特征。从实践来看，私力救济、借助行政力量诉讼，都被纳入农民工工伤索赔的选项之中。一些案件还具有相同的特质，这些特质都可以被视为农民工的某种“习性”的外在表征。对农民工相

---

[1] 张意. 文化和符号权力：布迪厄的文化社会学导论[M]. 北京：中国社会科学出版社，2005：174-175.

[2] 傅敬民.《圣经》汉译的文化资本解读[M]. 上海：复旦大学出版社，2009：70.

[3] 潘泽泉. 社会主体性与秩序：农民工研究的空间转向[M]. 北京：社会科学文献出版社，2007：348.

[4] 布迪厄. 实践感[M]. 蒋梓骅，译. 南京：译林出版社，2003：80.

关“习性”的探究，有助于深入地研究农民工工伤维权，有助于研究这一群体如何将自己定位，更有助于研究农民工在工伤维权行为中的惯习，这些定位对于解释维权策略的选择具有重要意义。

性情既具有持久性又具有可变性。换言之，惯习并非恒定不变，属于某个社会阶层的某种习性，其既可以继承，同时又随环境流变。他人遭遇到的情形会重构或者修正原有的感知、判断，而这种感知与批判又将指导未来类似情形下的行动，甚至成为新的习性。这种新的习性又萌芽并不断积蓄能量直至成为新的惯习。在不同的环境下，无法遵从既有惯例的农民工，在新的维权境遇下，将修正原有的惯习，开创新的维权方式，而这种新的维权行动就蕴含了新的惯习的萌芽，并为后来的维权者效仿。

可见，资本的匮乏可以解释农民工维权方式的多样性。也就是说，农民工在仲裁与诉讼之外进行维权行动，可以用资本匮乏这一原因进行解释。而资本匮乏下形成的惯性又支配了维权中的具体行动。

2.3.2　农民工工伤维权的主要方式

如图 2-4 所示，从国家统计局发布的《2017 年农民工监测调查报告》来看，农民工维权的途径呈现出多样化的特点。包括了通过法律途径、与对方协商解决的方式，也包括了上网求助、通过媒体曝光等“非常规”的方式。农民工在维权的过程中，主要选择三种方式：一是通过法律途径维权，二是与对方协商，三是向政府相关部门反映。此外，向亲友求助、请同事帮忙这一方式也占到了统计样本的 20% 以上。从纵向来看，2017 年同 2016 年相比，选择通过法律途径维权的农民工比例稳中有升；协商解决问题是农民工在维权中的首选方式；对于政府的信任度维持在较高的水平；选择向工会求助的比例较小。

对工伤维权程序认知不足，决定了农民工进行工伤维权的方式多样化的特点，也导致了农民工在工伤维权中不够积极主动。2020 年，有研究对 G 省 B 市建筑行业农民工维权情况进行分析，相关数据通过问卷调查的方式获得，样本

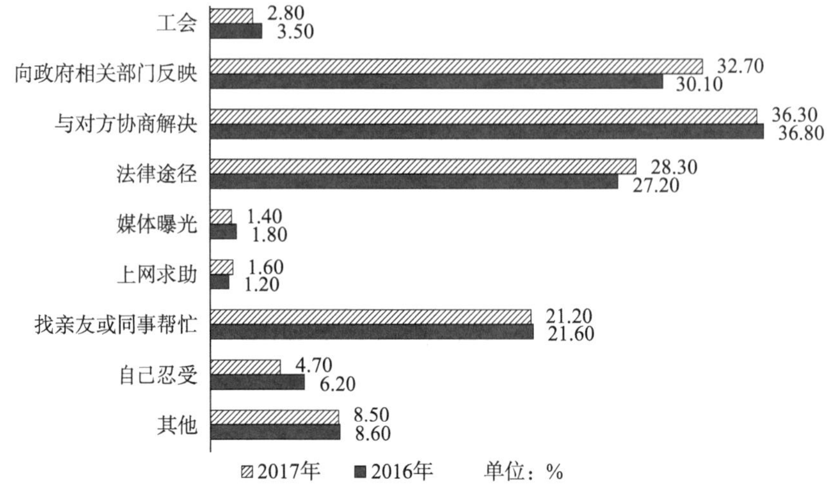

图 2-4 农民工维权的方式的选择

数据来源：国家统计局《2017年农民工监测调查报告》。

总计321个，从B市的四个建筑工地的农民工中随机抽样，在问卷提供的多个选项中，受访者可以有多个选择。在问到“工伤维权难度如何”的问题时认为工伤维权过程“比较难甚至非常难”的农民工占样本总数的79.13%。在回答“如果在建筑工地受伤，将如何解决”这一问题时，农民工的态度分为两类：一是积极应对，二是消极面对。从积极维权的一组数据来看：有64.17%的农民工选择了“和用人单位私了”，选择“寻求法律援助”的农民工为28.04%，选择“向所在单位要求赔偿”的为36.45%。在消极应对的组别，48.91%的农民工选择了“自认倒霉”这一选项（见图2-5）。[1]

两组数据反映了不同时间、不同地域的农民工维权途径的选择。前者是全国的统计样本，后者是西部农民工的统计样本。两相对比，可以看到农民工工伤维权的途径有以下特点：第一，同用人单位协商或私了是主要的维权途径；第二，求助相关部门和寻求法律援助均是农民工维权方式中的重要选项。虽然

[1] 李言.建筑行业农民工工伤保险问题及优化对策研究[D].重庆：西南大学，2021：38.

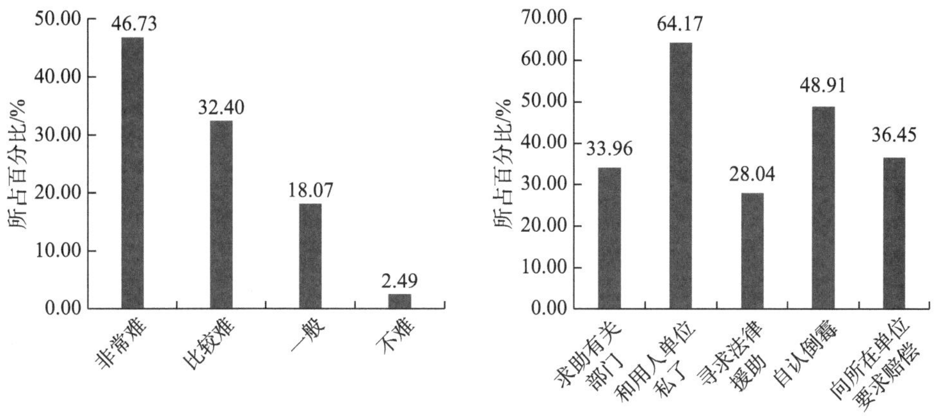

（1）维权难度　　（2）维权方式

图 2-5　2020 年 G 省 B 市农民工维权情况

时间不同，但从全国的样本和西部农民工的样本来看，没有明显区别；第三，从是否积极应对主动维权来看，西部农民工在维权上表现得更为消极。

随着互联网的发展，农民工进行维权的途径比以前更多了，概括来讲，包括线上和线下的方式。线下维权包括了向人力资源和社会保障部门现场投诉。线上维权包括了在人力资源和社会保障部门户网站相关平台投诉，或者通过微信公众号等进行投诉、举报。多元化的维权方式共同构建了农民工工伤维权的图景，也为本书的写作提供了素材和基础。

2.4　结论

要对症下药，首先需要找到问题的症结，即农民工工伤“维权难”的原因。农民工享受工伤保险不广泛是工伤赔偿难的直接原因，而这又归于以下几个方面：我国工伤保险制度灵活性不够，不能对用人单位购买工伤保险构成有效激励；现有工伤保险制度尚未实现企业规模同缴费挂钩的缴费模式；工伤保险的赔付不能完全免除雇主的赔偿责任；购买工伤保险的主体受到限制，现行法律对用人单位违法行为的处罚过于宽松，难以形成有效威慑；“互惠式”的工资支付模式为用人单位不购买工伤保险提供了激励；企业对维护农民工权利的意识淡薄，被视为“兜底保护”的先行支付制度在实践中还需推进、落实。

在工伤赔偿难的现实背景下，农民工用何种资本去应对？能够应对吗？以布迪厄对资本的分类作为基础，通过分析农民工的各类资本可以发现，农民工资本相对匮乏，主要体现在经济资本，文化资本与社会资本等三个方面。

第一，农民工总体收入不高，经济资本匮乏，是其工伤维权中的软肋。

第二，农民工法律知识欠缺，法律意识淡薄。具体又包括法律意义上的权利意识让位于“常识性的正义平衡感”，维权意识中存在“搭便车”的思想等特点。

第三，农民工社会资本匮乏。地缘关系随着农民工个体流动被切断，发生工伤事故，农民工难以得到同事的有效帮助与支持；因认知不足等原因，农民工加入工会的入会率并不高；一些私企对工会不够重视，尚未建立工会；基层工会的资源相对较少，力量相对较弱。受制于人员编制与经费来源等因素，一些民间组织无法形成相对稳定且具有较高专业素质的人才队伍。加之部分民间组织未经登记注册，其工作人员身份与定位不够明晰，在调查取证等活动受到相应限制[1]，因此，对农民工工伤维权的协助力度有限。

基于以上原因，催生了农民工多元化的维权方式。

[1] 杨晓光，王爱芹. 我国社会组织参与法律援助研究[J]. 河北法学，2020，38(7)：188-200.

第3章　农民工工伤维权中的私力救济

私力救济作为一种权利人通过其私人力量保护与实现权益的行为方式和社会现象，在实际生活中普遍存在着。私力救济是权利救济形态中的一个概念。行为人采取私力救济措施系为保护和实现自身的合法权益，不是为了实现非法目的或攫取不法利益，否则其行为本身既不具备正当性和合法性，最终也会受到法律的否定评价。[1] 即便如此，有些人仍认为私了是快速获得赔偿的有效途径。诉讼消耗时间、金钱，时效性差，是促使一些当事人选择私力救济的大部分原因。这在农民工工伤维权中体现得尤其充分。从现有的法律规定来看，从工伤发生之日起，需要经过劳动关系认定、工伤认定等程序，且有“一裁两审”的程序。即使在有律师介入与用人单位进行调解的情况下，相关司法程序也是必经的过程。为此，一些农民工往往选择放弃公力救济。

3.1　农民工选择私力救济的原因

农民工选择私力救济是工伤赔偿公力救济不力的映射。在资本相对不足而正式的救济途径程序烦冗的背景下，“短、平、快”的私力救济方式，是一种看似

---

[1] 姚佐莲，史克诚. 私力救济之行政规制合法性审查框架[J]. 法律适用，2021(11)：113.

能为农民工解决燃眉之急的维权方式。然而，私力救济的方式并不值得推崇。

3.1.1 工伤赔偿的司法路径障碍

我国法律对于劳动合同的签订与工伤保险的购买有明确的法律依据。《中华人民共和国劳动合同法》（以下简称《劳动合同法》）第10条规定，“建立劳动关系，应当订立书面劳动合同”。《中华人民共和国劳动法》（以下简称《劳动法》）第72条规定，“社会保险基金按照保险类型确定资金来源，逐步实行社会统筹。用人单位和劳动者必须依法参加社会保险，缴纳社会保险费”；第73条还规定，劳动者在因工伤残或者患职业病时，依法享受社会保险待遇，劳动者享受的社会保险金必须按时足额支付。但在现实中，仍有个别企业和用人单位违反法律规定，不签订劳动合同或不为农民工购买工伤保险。这是导致农民工工伤赔偿难的直接原因。由于工伤赔偿程序相对复杂，法律援助无疑能提高农民工的维权能力。2018年1月，国务院发布了《“十三五”推进基本公共服务均等化规划》，把法律援助纳入国家基本公共服务的范畴，作为基本社会服务的重要组成部分。广西、四川、云南等多个省份出台的“十四五”公共法律服务体系建设发展规划中，均提出了加强法律援助工作、完善法律援助制度的具体目标。因此，相关机构在选齐配强法律援助机构专门力量方面还需进一步发力。❶

通过对S省N市的法律援助中心进行调研，S省N市的市级法律援助中心只有3名工作人员，其中1人为行政人员，下属的各个区、县的法律援助中心一般也只有1~2名工作人员和2名辅助人员。

同大量的农民工数量相比，法律援助的工作人员还需充实。国家统计局发布的《2017年农民工监测调查报告》显示，在西部地区务工农民工5754万人，增长4.9%，占农民工总量的20.1%，增速明显快于其他地区。几年来，这一

❶ 胡闲鹤.司法部规划:到2025年,县级以上全部设立法律援助机构[N/OL].新京报,2022-01-26[2022-07-29].https://www.bjnews.com.cn/detail/164317680714630.html.

数据持续攀升。《2021 年农民工监测调查报告》显示，在西部地区就业的农民工 6280 万人，与 2020 年基本持平，占全国农民工总数的 21.4%。

工伤及工伤赔偿一直是困扰农民工的两个重要问题，从发生工伤到得到工伤赔偿的程序如图 3-1 所示。要解决这些问题，几名法律援助人员是远远不够的。本书研究的目的在于，通过对具体案例的分析，探究农民工私力救济的方式、私力救济的效果，研判通过何种方式引导农民工通过法治手段进行工伤维权，以更好地促进劳资和谐，为中国法治进程起到积极的推动作用。

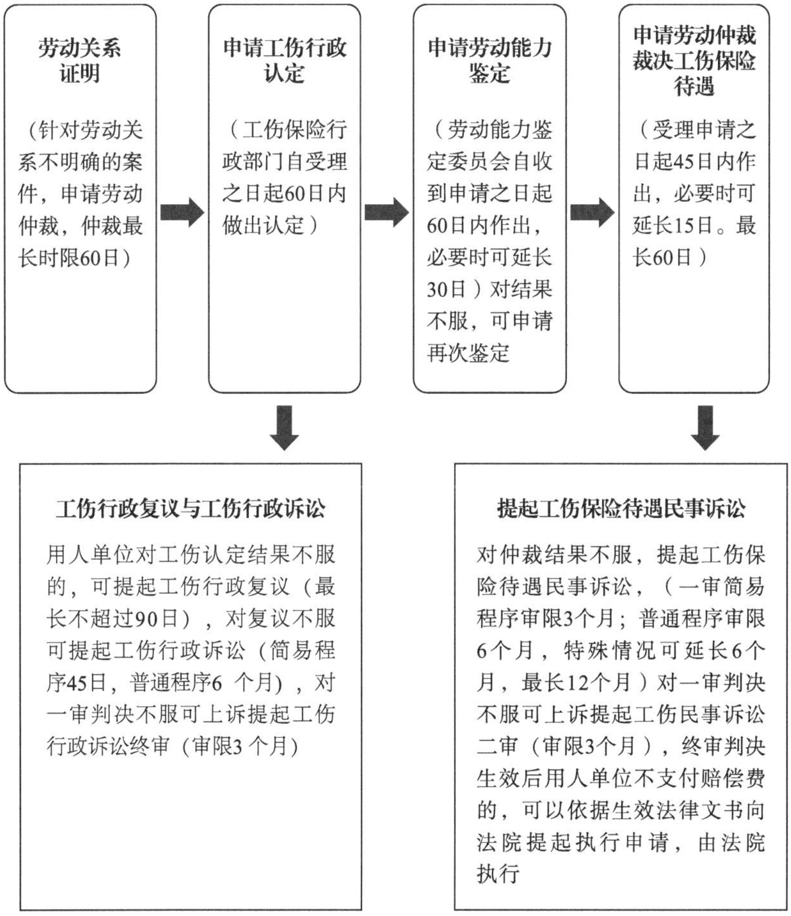

图 3-1　申请工伤保险待遇的程序

3.1.1.1 农民工要证明劳动关系成立并非易事

依据《工伤保险条例》的规定，在提起仲裁申请前需要进行工伤认定，而用人单位未按规定提出工伤认定申请的，“工伤职工或者其近亲属、工会组织在事故伤害发生之日或者被诊断、鉴定为职业病之日起1年内，可以直接向用人单位所在地统筹地区社会保险行政部门提出工伤认定申请”。在这个过程中，首先需要由伤者申请劳动关系认定，工伤认定后需要进行劳动能力鉴定。劳动关系的确定是工伤认定的前提，也是进行工伤索赔的前提，而农民工要证明劳动关系成立并非易事。

劳动合同是最直接的劳动关系证明。虽然《劳动合同法》出台后，企业的用工行为呈现出更为谨慎、规范的姿态，劳动合同签订率大幅提升，但仍有不少用人单位对短期或季节性用工按劳务关系处理，以此规避《劳动合同法》的约束。并且“在劳动力供过于求的情况下，资方极少给农民工缴纳各种社会保险，甚至很少签订劳动合同”[1]。从农民工就业渠道来看，他们中的部分人就业多靠熟人、老乡介绍，这种情况在建筑行业尤其明显。一旦发生工伤，农民工根本不能准确地证明谁是自己的用人单位。基于对熟人、老乡的信任，加之碍于情面，农民工通常不会主动提出签订劳动合同。在没有劳动合同的情况下，发生了工伤要“证明劳动关系”是否成立，就成为其索赔道路上要跨越的首个障碍。

工资支付记录是劳动关系认定的证据之一。但是，在有的行业中，如矿山、建筑行业、城市环卫行业，农民工的工资通常在年终结算或在工程结束之后支付，其基本生活开支来自每月从包工头或建筑公司预支的款项。实践中，预支生活费多采取现金支付的方式，要拿出工资条、工资表或相应证明几乎是不可能的。

---

[1] 侯风云，潘芸红. 中国农村土地制度与农民工劳资关系状况研究[J]. 山东大学学报(哲学社会科学版)，2016(4):105.

3.1.1.2　农民工要证明工伤并不容易

通常情况下，农民工法律意识淡薄，证据保留意识不强。相反，如果农民工的证据意识够强，发生工伤后能够第一时间通知安全监察部门，安全监察部门派员到场勘验并进行事故调查，作出报告与结论，在索赔时，这些调查报告都可以作为工伤认定的佐证。然而，为隐瞒事故逃避责任，用人单位常常口头承诺给付赔偿或以伤者有违章行为等作为要挟，要求工伤者或者家属隐瞒工伤事故。为了拿到赔偿，农民工或其家属往往选择“配合”，而事故的隐瞒无疑增加了农民工日后工伤维权的难度。

3.1.1.3　农民工可能面临用人单位恶意拖延时间

在工伤维权中，即使劳动关系被认定，农民工还可能面临用人单位利用行政复议和诉讼拖延维权进度。在实践中，企业利用法律进行恶意诉讼拖延程序的现象屡见不鲜。依据《中华人民共和国劳动争议调解仲裁法》（以下简称《劳动争议调解仲裁法》）的规定，对于确定劳动关系的仲裁裁决不服的，企业或劳动者可以自收到裁决书之日起15日内向人民法院提起诉讼。单单是劳动关系确认一个程序，农民工可能会被企业卷入一审甚至二审审判程序之中，一拖就可能达到三四个月甚至更长时间。

在工伤认定阶段，用人单位对《工伤保险条例》进行恶意利用。《工伤保险条例》第53条赋予了用人单位与劳动者对工伤认定决定不服的行政复议权与行政诉讼权。然而，这条规定常常被用人单位恶意利用。

在劳动能力鉴定阶段，为了最大限度地保证鉴定结论的公正，劳动能力鉴定结论并非“一锤定音”。依据《工伤保险条例》第26条的规定，当事人享有两次鉴定的权利，申请人对于地级市的劳动能力鉴定部门的鉴定结论不服的，还可以向省（自治区、直辖市）劳动能力鉴定部门申请重新鉴定。在伤残等级鉴定阶段，个别用人单位正是利用这一条款增加了农民工获得工伤赔偿的难度。

3.1.2 对医疗费用的迫切需要

对于治疗费用的迫切需要是促使农民工被迫接受调解的一个重要原因。依据法律规定，进行伤情鉴定是获得工伤保险赔偿的前提。根据《工伤保险条例》第21条的规定，部分伤害尚需等待医疗终结，伤情基本稳定之后一定期限方能做伤残鉴定。伤残鉴定等级是获得赔偿依据。工伤治疗与"伤情稳定"期间，是治疗花费最多的时期。先行支付制度在多数地区实施不畅，使得农民工工伤医疗费用"断档"。由于医疗费用缺乏，农民在发生工伤后，极易在生理与心理上将自己视为弱者。这时，等待、程序障碍都将增加农民工的恐惧、紧张感。而随着经济负担的增加，时间越长，对于获得赔偿的期望也就变得越强、越急迫，同时对赔偿数额的要求会越来越低。

3.1.3 受调解与妥协惯习的影响

按《说文解字》的解释，"调解"是利益双方彼此让步的艺术。中国的传统文化催生了调解与妥协的惯习。一方面，中国人历来就有"厌讼""耻讼"的传统。另一方面，"均衡"与"和谐"在中国传统思想中占据重要地位，"关系信任""情理标准""中庸原则"，共同凝练成为一种"无声的秩序"，塑造成为世俗化的"中庸之道"处事原则，构成了制约和影响民众法治观念的乡土文化。受到这种乡土文化的影响，私力救济成为部分农民工认可的纠纷解决的重要机制。[1]

乡土社会培育了农民工用调解与说和的方式来处理纠纷的性情倾向。在乡土社会中形成的一套处事与纠纷解决规则被嵌入到意识、语言、行动之中。即使发生矛盾，也多靠干部调解、熟人说和来解决。"低头不见抬头见"的乡村

[1] 宋才发. 民间法调解民事纠纷的功能、原则及路径[J]. 河北法学，2022，40(5)：14-15.

生活造就了农民工退让和包容的性情倾向。农民工从乡土走向城市，其行为方式的选择自然也包含了在乡土社会中形成的这些传统与惯习。

3.2　农民工选择私力救济的途径

私力救济作为一种民法权利保护方式，是权利主体在法律许可范围内，未借助国家公力，以自己的力量保护自己或他人的被侵害的合法权利。[1] 从私力救济的法律定性角度看，私力救济可以分为三类：一是法律明确允许，如正当防卫、紧急避险、自助行为；二是需要引导的私力救济行为，在行为人有损害他人和公共利益的可能时，需要法律加以引导；三是法律禁止。从纠纷解决的参与主体看，私力救济可以划分为合意型私力救济和单方型私力救济。前者是指通过纠纷各方的谈判协商等方式解决纠纷，其合法边界比较容易把握。后者主要或者完全源于行为人的单方意志，并通常带有一定的强制色彩。[2]

3.2.1　以理维权下的劳资博弈

“理”包括情理、道理、天理、法理等，有公平正义观，亦有民间礼俗。于建嵘、朱健刚曾对“以理抗争”进行过研究。在前者的研究中，工人以资本所有者或者企业管理者为抗争对象，并以经济权利与民主管理权利为内容。[3] 而后者则以广州南苑业主集体维权行动为蓝本，其抗争对象是物业管理委员会，抗争内容是物业公司不合理收费，其研究表明这类抗争的逻辑起点是法律的权威，实际上其研究结果可以被统摄于“以法抗争”之下。[4] 在农民工工伤维权

[1] 王耀海，盛丰．私力救济的法治困境及其解决[J]．学术界，2013(4)：169.

[2] 姚佐莲，史克诚．私力救济之行政规制合法性审查框架[J]．法律适用，2021(11)：111.

[3] 于建嵘．农民工维权与底层政治[J]．东南学术，2008(3)：12-15.

[4] 朱健刚．以理抗争：都市集体行动的策略以广州南园的业主维权为例[J]．社会，2011，31(3)：24-41.

的过程中，通过“以理维权”是否也将法律作为逻辑起点呢？以理维权的动因何在？“以理维权”和“依法维权”的效果又有何不同？

在“以理抗争”的维权场域中，农民工同用人单位博弈的过程可以概括为“有法而无法”“无法而有法”。“有法而无法”是在有明确法律依据亦有明确的计算方法的前提下，即使在农民工通过了劳动关系认定、工伤认定、工伤伤残等级鉴定，案件进入工伤伤残待遇仲裁阶段，获得赔偿似乎指日可待的情况下，用人单位仍然试图将自己从法定赔偿义务中“择”出去，并将拒绝赔偿、降低赔偿的理由合理化、合法化，使劳动者陷入无助的境地。“无法而有法”是指，农民工面对用人单位“赖、蒙、骗、吓”时，无法用精练的语言、专业的术语在谈判的场域中掷地有声地据理力争。然而，在看似无法应对的情景中，农民工利用自己的办法，用最朴素的道理、情理背水一战，夺得谈判场域的资本，变“无法”为“有法”，从而打破僵局。

【案例】

S省L县建筑工程有限公司（以下简称“县建筑公司”）承担了政府村镇危旧房改造任务。当年8月，有电杆下的高压线胶皮在施工中被挖掘机剥掉，电线裸露出来，一名农民工当场被电击致死，另有包括肖某在内的两名农民工重伤。事故发生后，当初将肖某招来的包工头林某将其送往医院治疗并垫付医药费。出院后，林某陪同肖某到N市司法鉴定中心鉴定，鉴定结果为“伤残4级、部分护理依赖20个月”。县建筑公司负责人不服鉴定结果，要求再次鉴定，次年6月进行了第二次工伤鉴定，当时肖某受伤的右手比第一次鉴定有所好转。N市劳动能力鉴定委员会鉴定为：“伤残5级、12个月部分护理依赖。”即使有了明确的鉴定结论，县建筑公司仍拒绝赔偿，林某找到事故发生地W村村支书温某就赔偿事宜协助调解。温某年近60岁，在W村担任多年村支书，颇有威望。通过村支书调解，县建筑公司同意向肖某支付赔偿22万元。

在该案例的调解中用人单位采用多种博弈手段，对农民工“赖、蒙、骗、吓”，下面对案例中用人单位的博弈手段进行分析研判。

用人单位的“赖”：否认包工头林某同用人单位之间存在非法发包关系；通过否定伤残鉴定结论逃避工伤赔偿责任；以伤口会自愈为由拒绝工伤赔偿。当用人单位意识到律师将介入该案后，又试图阻止其进入到谈判场域中。

用人单位的“蒙”：通过混淆概念规避责任。如通过否定鉴定人员的资质来否定伤残鉴定结论的有效性，混淆工伤与民事侵权损害赔偿的界限。

用人单位的“骗”：在谈判中试图少赔甚至不赔。根据人力资源和社会保障部的相关规定，因工伤发生的“部分护理依赖”，应当支付当地职工月平均工资的 30% 的护理费。然而，用人单位虽未直接否认法律规定，但是以伤者应由其妻子照管，其妻子没有正式工作为由，拒绝支付护理费。

用人单位的“吓”：通过制造可预期的索赔困境向农民工制造心理压力。

“无法而有法”在该案例的体现是，农民工肖某面对用人单位否认与包工头之间的工程发包关系时，能够用朴素的道理进行反驳，指出用人单位在事故发生中存在过错，并用归谬的方法予以还击。在工伤赔偿谈判场域中，当赔偿请求被对方拒绝时不轻言放弃，肖某一直尝试以“道理”“情理”进行维权，并试图找到新的依据支撑自己的赔偿要求。如当对方拒绝了后续治疗费和护理费，他仍坚持要求支付营养费，并且尽力使其要求合理化。又如，在该案中对“理”的运用，农民工不忘对符号资本的适时运用，支撑自己的赔偿请求。其中提到了生存需求、抚养义务、赡养义务，这些都是具体、实在、朴素的，能够让调解人和对方产生共鸣，进而争取到一定数额的赔款。

在据理力争、情理维权的过程中，农民工并非对自己的权益一无所知，但又似懂非懂。在该案例中当肖某的赔偿请求被用人单位以各种理由拒绝时，其仍然试图进一步争夺谈判主动权。然而，面对对方的强大气场，只能节节败退，赔偿项目被一个个删除，赔偿金额被逐步压低。当用人单位提出不论调解结果如何，都会起诉时，其表现出退让与示弱。肖某对于自己的生存状态是了解的。随着案件的推进，公司通过“场景还原”“案件类比”将肖某自然地置于被动地位。

在以“理”维权的谈判场域中，在用人单位的不断挤压下，具体的赔偿标准被模糊化，“理”成为各方争夺资源的重要手段。在“农民工工伤赔偿难”的事实预设下，调解人也不断地说服肖某作出让步。调解人通过释法明理，农民工自己也意识到接受调解可能会降低维权成本，自然降低了索赔的心理预期，对赔偿数额的期待也就会低于法定赔偿数额。

在以“理”维权的场域中，符号资本被农民工充分地运用，然而以“理”维权的效果并不稳定，其弊端是显而易见的。

首先，符号资本不仅是农民工的武器，也是用人单位防守的手段。缺乏经济资本、文化资本和社会资本，农民工自身呈现出弱者的姿态。在社会大众普遍的认知与判断之下，农民工对“弱势群体”这一身份不断自我暗示并内化，这使其在工伤维权场域中呈现弱势、退让的姿态。一旦这种姿态展示出来，用人单位便“趁热打铁”，要么压低赔偿数额，要么拒绝赔偿。在必要之时，甚至借破产作为威胁，迫使农民工自动作出让步。

其次，如果不能在谈判中充分、有效、适时地运用符号资本，就难以触动谈判对手或调解人。情理深藏于个人内心，具有极大的不确定性，通过视听感知被唤醒。对于普通的调解人，即使其具有强烈的正义感、平衡感与怜悯心，但来自外界干扰同样可能使其在调解中的态度发生摇摆。

再次，即使农民工的符号资本运用恰到好处，其工伤维权也不能完全获得满意的效果。在农民工通过私力救济进行工伤维权的情况下，调解人注重考量整体与全局，以及案件的履行，并不将争议的事实孤立地作为决策的依据。[1] 因此，调解人往往会采用一种“和稀泥”的方式，这就使得农民工所获赔的数额

---

[1] 滋贺秀三. 中国法文化的考察：以诉讼的形态为素材[J]. 比较法研究，1998(3)：24.

常常低于法定赔偿数额。

3.2.2　道德资源发挥作用的机理

道德资源发挥作用的机理包括三个层面。

从生理学上理解，当看到他人受伤，其脑部反应同自己承受同样伤害时的反应一致[1]，这种痛苦的迁移构成了对他人怜悯与同情之心的来源。在调研中，在工伤赔偿维权的场域中，农民工赢得道义上的优势，"观众"被轻易带入无良商人的丑恶嘴脸与"血汗工厂"的图景之中，更被带入工伤者被伤痛折磨、家庭成员生活困难的场景中。一旦有媒体介入，这一手段的"威力"将成倍地放大，对用人单位形成道德压力，从而促使其做出让步。

从传统文化来看，中华优秀传统文化中蕴含的思想观念、人文精神和道德规范仍指导着很多人日常的言行。这是道德资源在农民工工伤维权中发挥作用的另一个层面，这由个体内心的、深层的道德与良知生成。

中国民俗与传统观念是道德资源发挥作用的第三个层面。在调研案例中，笔者了解到，有的雇主顾忌传统观念，在工亡者的家属与其沟通后，及时地进行了赔偿，正是对生命与逝者的敬畏等传统道德资源在其中发挥的作用。

3.2.3　道德资源在维权中的局限

通过道德资源进行维权，确实有不俗的效果，但是其效果是不确定且不稳定的。

首先，对于用人单位或雇主而言，道德资源是否发生作用是不确定的。道德以非制度化的形式对人的思想与行为进行制约，其行动边界仰赖行动者心灵的内省。[2] 大众或媒体对于雇主的审视与舆论批判成为工伤赔偿实现的机制。然

---

[1] 桑本谦. 利他主义救助的法律干预[J]. 中国社会科学，2012(10)：123.

[2] 司汉武. 制度理性与社会秩序[M]. 北京：知识产权出版社，2011：253.

而，道德是“行动者对自己的立法”，是个体性极强的约束方式，其标尺因人而异。是否获得内心安宁，取决于当事人的内心体验。而这种体验又因个人的成长背景、经济条件，甚至个人信仰的不同而各异。所以，发生工伤的农民工是否能够激发雇主的恻隐之心、罪恶感、内疚感是不确定的。正如桑本谦所言，道德对良心产生的愧疚感不确定且脆弱。一旦找寻到合适的借口，跨越道德底线的行为就容易逃避良心的惩罚。[1] 在工伤赔偿中，如果逃避赔偿能获取更大的现实性收益，这种物质性的收益便能冲抵和减轻道德上的愧疚感，农民工利用道德维权的尝试效果会不好或归于无效。

其次，对于其他第三人而言，道德资源是否发挥作用也是不确定的。道德观源于外界评价，行为受到法律惩罚的可能性越大，行为人得到的社会评价也就越低。而外界道德评价对行动者的道德判断影响最明显，甚至超过了对于“惩罚的担忧”。[2] 农民工将可能获得同情或者激发怜悯的信息发送出来，传递于社会公众，利用事件情节激发普通群体的正义感与同情心。然而，不是所有情节都能为外人所见，当道德资源在封闭的环境中运用，就缺失了为外界所评价的可能性。

再次，道德具有极大的个体性、差异性。是否遵从内心体验与信仰休戚相关。差异化的“善的观念”与“公正感”“正义感”形塑了个体的道德水准。每个社会个体不同的生长环境、成长背景、经济条件、教育背景等因素形成了差异化的道德水准。

最后，如果雇主同工伤者或者家属没有共同的“地方性知识”。即使工伤者或家属想尽办法与雇主沟通交涉，雇主不为所动，以德维权的行动策略也将归于失败。

---

[1] 桑本谦. 利他主义救助的法律干预[J]. 中国社会科学,2012(10):126.

[2] 冯仕政. 法社会学:关于中国人法律意识的实证研究[J]. 江海学刊,2003(4):102.

3.3 借助其他私人力量的私力救济

下面的案例为借助其他私人力量的私人救济的典型案例，本节以此案例说明这种私力救济形式下维权前期及后期的资本运用情况。

【案例】

经朋友介绍，农民陈某从 S 省 N 市来到 X 省 H 县 M 村一个小型煤矿打工，陈某的工作内容是通过煤窑的巷道将煤炭从井下运出，工资每月 3000 元，双方并未签订劳动合同。几个月后，陈某在运煤过程中发生工伤，送医 7 天后不治身亡。

陈某的妻子和兄长闻讯赶到，通过两位工友老乡的帮助才见到矿主，但也只得到矿主愿意赔偿一万元的答复。运用道德资源与矿主交涉，但未取得进展。于是陈妻和陈兄通过从事法律工作的亲戚 T 找到从事法律工作多年的 O 律师。在首次谈判中，O 律师也未得到矿主的配合，但 O 律师并未放弃，同时他认为这个案件靠自己不能解决问题，于是叫来自己的两位朋友帮忙。最后，在 O 律师三人的交涉下，矿主与陈妻达成了赔偿协议，并在当天用现金向陈妻进行了支付。

3.3.1 维权前期的资本运用

工伤赔偿谈判的过程既是一场心理的较量，又是一场资本的斗争。在布迪厄看来，“不同时代有不同的霸权，而不同时代支撑霸权的资本不同”[1]。也就是说，不同资本的“含金量”因时而异，即使是相同种类的资本，“含金量”的高低也不能一概而论。在布氏的理论框架中，不同类型资本的较量属于横向

[1] 布迪厄. 国家精英：名牌大学与群体精神[M]. 杨亚平，译. 北京：商务印书馆，2004：457.

冲突。一方拥有的某类资本优越于对方的资本，或者其资本组合的综合得分更高，那么，这一方将在较量中胜出。将这一理论延伸并移植于农民工工伤赔偿的谈判场域中，有利于分析农民工与用人单位冲突双方所拥有资本的排序与综合考量的过程。

将陈妻和陈兄维权的经过分为前期、后期两个阶段来分析，我们可以清楚地看到农民工维权的艰辛。在维权的前期，陈妻与陈兄的文化资本、社会资本是匮乏的，其维权的尝试是无效的。从文化资本来看，两人都是农民，文化水平不高，对于工伤赔偿项目、计算标准及工伤认定适用无过错责任原则等更是一无所知。

从社会资本来看，陈妻和陈兄的社会资本是极其匮乏的。陈妻同陈兄在当地只是找到了自己的两名老乡，其他矿工并未主动挺身而出帮助二人维权。对于关系网络所带来的收益依靠非正式的“游戏规则”支撑，而这些规则以“默会的知识”为基础，同时源于“共享的实践社区”，这些“默会的知识”中就包含了互信、互利是成功合作与协助的基础。

陈妻与陈兄两人仅仅得到了两名工友的帮助。其他工友袖手旁观，除了担心被矿主报复，一个重要的原因还在于这次帮助是一次“单向行动”，将来几乎没有“互利”的可能，这次事件处理之后，这些工友与陈妻再次相遇的可能是极低的，当然也就更谈不上受惠于陈妻，因而使农民工异地维权之路变得更加艰难。

3.3.2 维权后期的资本运用

在上述案件中，社会资本在后期发挥了重要作用。格兰诺维特基于互动频率、感情强度、亲密程度、互惠交换四个维度将人与人之间的关系区分为强关系和弱关系。他认为，强关系存在于群体内部，弱关系则存在于群体之间。二者得到信息的方式可能是不同的。[1] 强关系群体分享的信息具有同质性，弱关系群体分享的信息则具有异质性。[2] 该案陈妻所利用的社会资本属于社会关系中的弱关系，同时，这一社会资本属于“稀缺资本”。其最终的成功维权也依赖于这一“稀缺资本”。具体来说，陈妻和这位介绍律师的亲戚在不同的行业工作、不同的城市生活，可以推断二人的互动频率是不高的。所以，二人属于弱关系。然而，正是这个弱关系成功地推动了陈妻的维权行动。这种情况对于解决工伤维权只有偶然性，而不具有普适性。

律师的法律资本与社会资本共同推动了案件的解决。在这个案件中，法律资本靠社会资本的推动才有了发挥作用的空间。O 律师的出现并不是案件最终解决的决定因素，在该案中，法律资本并未直接促成案件的解决，当 O 律师首次和矿主谈判时，维权效果并不理想。所以，O 律师在坚定地将案件继续办理下去时，他主动求援于自己的朋友。美国法学家布莱克在研究法律的运作时，精练地指出，人的体面程度同其运用法律程度呈正相关。而体面又关乎于金钱资本、社会资本、文化资本。显然，陈妻的资本是匮乏的。从事法律工作的亲戚就成了她重要的社会资源，这也是使案件出现转机的社会资本。然而，并不是所有的农民工都有陈妻这样的“运气”。维权之初，陈妻与陈兄在前期维权中表现出来的软弱与对法律的无知助长了矿主的嚣张气焰。对矿主而言，来自公力救济施加的处罚是不确定的，因此，公力救济并不能形成现实的有效威慑。[3] 当律师介入后，其发现运用法律和矿主博弈的方法似乎并不奏效，从业多年的律师只有另辟蹊径，运用自己的社会资本。

陈妻利用的社会资本是社会关系中的弱关系——平素不常来往的亲戚 T。

---

[1] 刘林平. 外来人群中的关系运用：以深圳“平江村”为个案［J］. 中国社会科学，2001(5)：113.

[2] 陈振明. 社会研究方法［M］. 北京：中国人民大学出版社，2012：59.

[3] 徐昕. 民间收债的政治经济学：来自华南的一个收债案［G］//中国制度变迁的案例研究. 北京：中国财政经济出版社，2005：250.

在弱关系的利用中，如果T不是从事法律工作，可能就没有O律师这样一位朋友，如果没有O律师这位朋友，没有他的两位朋友“动之以情，晓之以理”，维权行为也是很难成功的。

可见，案件中各种资源相互配合、各个环节环环相扣，缺一不可。可以说，经济资本、法律资本同社会资本相互组合，推动了陈妻最终获得赔偿，这些资源的组合与相聚具有极大的“偶然性”。对于普通农民工而言，这些资源极具“稀缺性”，故该案中，陈妻的维权有太多不确定因素。

对于个体而言，学者司汉武以中国式的“熟人社会”作为切入点，其认为强关系才能提供确定的供给。❶ 在农民工工伤维权的场域中，文化资本、社会资本、经济资本在农民工维权道路上缺一不可。由于农民工寻求的资本并不稳定，通过这些资本来维权的方式是极难复制的，只有将这些资本固定下来，将其常态化，并增强其稳定性，方可使其反复适用。

3.4 小结

农民工选择私力救济是工伤赔偿中公力救济效果不佳的映射。农民工选择私力救济的原因主要为：通过司法途径索赔将面临重重障碍、耗时费力；对于治疗费用的迫切需要；中国的传统文化催生了调解与妥协的惯习。因此，农民工选择私力救济有经济因素、法律因素还有文化因素。

农民工试图利用道德资源进行工伤维权是资本匮乏下的行动选择。利用道德资源成功维权的机制在于中国的民俗知识与传统观念推动道德资源发挥作用。然而，利用道德资源进行工伤维权具有极大的不稳定性。道德是个体性极强的约束方式，其标尺因人而异，取决于当事人的内心体验。

---

❶ 司汉武. 制度理性与社会秩序[M]. 知识产权出版社,2011:253.

在利用其他私人力量进行工伤维权的过程中。弱关系带来的法律资本与社会资本共同推动了案件的解决。然而，通过借助私人力量进行工伤维权的方式并不值得推崇。因为“弱关系”带来的资本及各种资本的组合具有极大的“偶然性”。通过维权者自己寻求的“弱关系”所获得的资本具有不可复制性。因此，私力救济的作用是极为有限的。同时，案件的处理过程将破坏人们对法律的信赖与忠诚，阻断当事人对案件结果的合理预期。在法治社会日益进步的时代，通过私力救济进行工伤维权不值得推崇。

第 4 章　农民工借助行政力量进行工伤维权

农民工通过多种手段获得工伤赔偿的案件频见于各类媒体。在这些案件中，行政权力成了可以依靠并利用的重要渠道。在这些案件中，当事人为何会寻求行政权力救助？行政权力介入的工伤赔偿案件，何种力量推动农民工成功获赔？在这种权利保障与救济中，有何溢出效应？笔者通过多渠道的调查和资料收集，获取了多个农民工借助行政权力的介入而成功获得工伤赔偿的案例，总共梳理全国的这类案件 32 件，其中通过信访进行维权的 16 件，通过非信访的方式进行工伤维权的 16 件。通过比较分析可以看到西部农民工工伤维权的特点，还可以对比西部农民工和其他地区的农民工在借助行政权力进行工伤维权过程中存在的不同。

4.1　农民工借助行政力量进行工伤维权的原因

4.1.1　农民工对政府的信任

农民工希望借助行政权力进行工伤维权，体现了群众对政府的高度信任，亦体现了我国政府的公信力。改革开放 40 多年来，我国取得了举世瞩目的成绩。《中国减贫四十年：驱动力量、借鉴意义和未来政策方向》报告显示，过去 40 年来，按照世界银行每人每天 1.9 美元的全球绝对贫困标准，中国贫困人口减少了近 8 亿人，占同期全球减贫人口 75% 以上。中国经济的发展不仅是中国经济史的奇迹，更是世界经济史的奇迹。中国经济的飞速发展依托于中央政府的决策力、执行力、公信力。2022 年 1 月 18 日，全球知名公关咨询公司爱德曼发布《2022 年度爱德曼信任晴雨表》，报告显示，2021 年中国民众对政府信任度蝉联全球第一。在国家综合信任指数方面，中国位列全球首位。

党的十八大以来，以习近平同志为核心的党中央提出了以人民为中心的发展思想，反复强调要时刻不忘“为中国人民谋幸福，为中华民族谋复兴”的初心和使命，“永远把人民对美好生活的向往作为奋斗目标”。这充分彰显了中国共产党全心全意为人民服务的宗旨和初心使命。

围绕这一目标，2021 年 1 月，中共中央印发了《法治中国建设规划（2020—2025 年）》，构建了一幅法治中国的蓝图。提出到 2025 年，中国特色社会主义法治体系初步形成；到 2035 年，力争法治国家、法治政府、法治社会基本建成。该规划指出，为统筹推进法治中国建设各项工作，始终要坚持的一个原则就是坚持以人民为中心的原则，“坚持法治建设为了人民、依靠人民，促进人的全面发展，努力让人民群众在每一项法律制度、每一个执法决定、每一宗司法案件中都感受到公平正义，加强人权法治保障，非因法定事由、非经法定程序不得限制、剥夺公民、法人和其他组织的财产和权利”。一个法治、善治的政府，是具有公信力与权威的支撑，能充分赢得民众的信任与支持。

4.1.2　当前我国工伤康复制度尚不完善

农民工希望借助行政力量维权的另一重要原因是，能够最大限度地弥补当前一段时间我国工伤康复制度尚不完善的不足。工伤康复是伤后恢复劳动能力，重返工作岗位的重要途径与手段。然而，由于多种原因，农民工难以成为工伤康复制度的广泛受益者。

第一，工伤康复资金来源相对单一，农民工获得工伤赔偿已属不易，要想全面、广泛得到工伤康复金更难。《工伤保险条例》第30条第6款规定："工伤职工到签订服务协议的医疗机构进行工伤康复的费用，符合规定的，从工伤保险基金支付。"也就是说工伤保险基金是工伤康复费用的主要来源。农民工不享受工伤保险就不能从工伤保险基金中支付其康复费用。虽然部分工伤保险参保率较高的省市，工伤保险基金结余情况良好，工伤康复工作有一定的资金保障。但是，现有法律与政策的规定相对粗疏，关于工伤康复的资金来源非常有限，比如，对于工伤保险基金的主要支出是伤残津贴、一次性工亡补助金等补偿性支出，在康复性支出上基本限于安装配置工伤医疗辅助器具费用等医疗康复项目，对于职业康复、社会康复项目上的投入非常有限。❶

第二，我国工伤康复法律制度正在逐步完善中。2008年我国出台了《加快推动工伤康复试点工作的指导意见》。以此为基础，2013年，人力资源和社会保障部、民政部、国家卫生和计划生育委员会颁布了修订版的《工伤康复服务项目（试行）》和《工伤康复服务规范（试行）》；2016年，人力资源和社会保障部以部令形式颁布了《工伤保险辅助器具配置管理办法》。至此，我国工伤康复的制度体系正初步形成。据此，多个省市也出台了相应的工伤康复试行办法与配套政策。但是工伤康复工作的标准效果评估，专业的指导与监督机制等细节均尚待明确。❷

第三，工伤康复工作早期介入的情况不容乐观。通常情况下，我国工伤康复通常在经过工伤治疗伤情平稳后启动，而对于那些离乡就业的农民工，需要经历劳动关系认定、工伤认定、劳动能力鉴定等环节方能享受工伤保险待遇。此外，仅仅依据对于工伤康复的"倡导性""建议性"规定，工伤康复工作对农民工的早期介入难以彻底落实。

第四，我国工伤康复资源短缺。从康复专业机构来看，专业的康复机构供

❶ 王腾飞.提高基金使用效率完善工伤康复制度[J].中国人力资源社会保障,2017(2):35.

❷ 李辉,赵胥弘,黄玉芹,等.工伤康复,如何助伤残职工重返社会?[J].中国社会保障,2020(11):42.

不应求。[1] 原因在于工伤康复定点机构的竞争门槛尚未放开，部分具有康复设备与康复人才的医院不是协议机构，工伤者在这些机构进行康复的费用不能报销。从专业人才上看，我国康复人才的缺口较大，以康复辅助技术咨询师为例，缺口达到 20 万人。[2]

基于以上因素，农民工更加关注赔偿而非工伤康复金，同时他们又必须面对治疗终结后，大多实际存在的，劳动力下降所带来的收入降低甚至失业，对未来的不安与顾虑，是农民工借助行政力量进行工伤维权的另一内在动因。

4.2　行政权力介入农民工工伤案件的分析

以是否通过信访的方式进行维权，将所收集整理的案件分为两类：信访案件与非信访案件。信访案件是指农民工通过信访的方式进行维权。非信访案件是指农民工通过直接向人力资源和社会保障局等部门投诉或者其他方式，使得相关部门介入其中的案件。为了方便对比，信访案件用阿拉伯数字排序，非信访案件用英文大写字母排序，详见附录一。

这两类案件共同特征是：案件的当事人都是农民工，并且都不享受工伤保险，案件都有相关部门的介入。为进一步研究案件，揭示农民工维权中的障碍和利用行政力量维权的动因，将这些案件提炼出伤情、首次维权的方式与效果、维权中的障碍、介入单位与介入方式、维权效果与维权花费时间等多个要素。

4.2.1　农民工伤情与案件介入的关联

研究“伤情”的目的在于发现农民工借助行政力量进行工伤维权与伤害的

[1] 张毅. 关于对现阶段工伤康复工作的思考[J]. 中国集体经济,2021(16):155-156.

[2] 关注康复行业人才缺口 国内康复辅助技术咨询师缺口达 20 万[EB/OL]. (2022-05-09)[2022-07-30]. http://tv.cctv.com/2022/05/09/VIDEY74qWW6qX5JjkVR4LBmA220509.shtml

严重程度的关系。从伤情来看，农民工伤情的轻重同行政力量的介入并无明显的关联，在这些案件中，农民工的工伤伤情有轻有重。在信访案件中，农民工的伤情有轻有重，从鼻骨骨折的十级伤残到四级伤残甚至三级伤残。在非信访案件中，有十级伤残也有一级伤残。政府在介入农民工工伤赔偿案件中时，并未区别对待。可以看到，政府介入农民工工伤赔偿案件的目的是十分明确的，即其目的是切实解决农民工困难，将社会矛盾消除在萌芽状态，促进社会和谐稳定。

《信访工作条例》第10条规定："各级政府贯彻落实上级党委和政府以及本级党委关于信访工作的部署要求，科学民主决策、依法履行职责，组织各方力量加强矛盾纠纷排查化解，及时妥善处理信访事项，研究解决政策性、群体性信访突出问题和疑难复杂信访问题。"第15条第1款规定："各级党委和政府以外的其他机关、单位应当做好各自职责范围内的信访工作，按照规定及时受理办理信访事项，预防和化解政策性、群体性信访问题，加强对下级机关、单位信访工作的指导。"

4.2.2 农民工自我维权的方式与效果

在所有的案例中，农民工在寻求行政力量维权之前，都曾有过不同程度的尝试与努力。大致可以分为以下几类。

（1）同雇主协商。不论是信访类的案件，还是非信访类的案件，农民工几乎无一例外地都曾与雇主进行过协商。从协商结果来看，又大致包括两种情况：一种情况是雇主上推下卸，以自己并非用人单位、用工主体为由拒绝赔偿，如附录一案件6、附件二案件M；另一种情况是，雇主只同意农民工的部分赔偿请求，如附录一案件3、附录二案件N。

（2）向具有管辖权的政府劳动仲裁委员会提起仲裁。农民工在提起仲裁之后，仍寻求行政力量维权的原因包括以下三类：一是农民工对不予认定工伤的仲裁裁决不服，如附录一案例 11、附录二案件 D；二是经过仲裁，工伤认定成功，但用人单位对伤者的劳动能力鉴定结果不服，如附录二案件 O；三是用人单位虽认可鉴定结论，但基于客观原因，雇主同意支付部分赔偿，如附录二案件 A。

（3）提起工伤赔偿诉讼。从样本整理的情况来看，包括两种情况：一是因为不了解法律规定，农民工直接向人民法院起诉，主张工伤赔偿。人民法院以需要“仲裁前置”“先裁后审”为由驳回；二是农民工起诉雇主并胜诉，但因雇主没有财产可供执行，如附录一案件 4。

从农民工工伤赔偿诉求与行政力量发生关联的触发机制来看，协商与执行环节出现障碍是最主要的因素。在协商环节出现障碍的，如：在附录二案例 I 中，用人单位只同意支付部分停工留薪工资；在附录二案例 J 中，用人单位只愿支付临时性补偿金；等等。经过了仲裁、诉讼环节，在执行的环节出现障碍的，主要是因为在执行环节确实面临了一些客观困难和阻力。如附录一案例 1 中，雇主将原公司注销，注册了新的公司，双方未能就赔偿达成一致。又如，在附录一案例 4 中，雇主没有可供执行的财产。

具体而言，通过对案例的整理、分析可以看到，在信访类案件和非信访类案件中，劳动仲裁委员会对于工伤认定、工伤赔偿金额的裁定都是及时、公正和合法的。人民法院对于工伤赔偿款项的判决都是公正的。不论是仲裁环节还是判决环节，都切实让人民群众在每一个案件中都感受到了公平和正义。同时，从法律制度的设计来看，农民工表达诉求的渠道是畅通的。若对仲裁裁决和人民法院判决持有异议，完全可以合法地、顺畅地表达诉求。根据《劳动争议调解仲裁法》第 48 条的规定，劳动者对仲裁裁决不服的，可以自收到仲裁裁决书之日起 15 日内向人民法院提起诉讼。此外，根据《中华人民共和国民事诉讼法》（以下简称《民事诉讼法》）第 171 条的规定，“当事人不服地方人民法院第一审判决的，有权在判决书送达之日起十五日内向上一级人民法院提起上诉”。

4.2.3 农民工诉求表达方式与行政力量介入时间

从诉求表达方式可以看到，西部农民工同其他地区的农民工并无二致。这些维权方式是温和的、冷静的更是合法的。这为行政力量介入案件，协助推动案件的后续工作，提供了可能。

在两大类案件中，农民工都选择了用温和、冷静的方式表达诉求。如在案例4中，农民工通过诉讼的方式表达诉求。经过人民法院审理，农民工胜诉，但因雇主没有财产可供执行，在无计可施的情况下，到当地信访部门寻求帮助。又如，在附录二案例B、案例C、案例D、案例E中，农民工表达诉求的方式分别是：到当地公安派出所反映，要求严惩事故责任人和相关领导，到人力资源和社会保障局投诉，求助村、居委、社区支部书记。

案例中农民工表达诉求的方式是合法的。《信访工作条例》第17条第一款规定，“公民、法人或者其他组织可以采用信息网络、书信、电话、传真、走访等形式，向各级机关、单位反映情况，提出建议、意见或者投诉请求，有关机关、单位应当依规依法处理。”《劳动保障监察条例》第9条第一款、第二款规定：“任何组织或者个人对违反劳动保障法律、法规或者规章的行为，有权向劳动保障行政部门举报。劳动者认为用人单位侵犯其劳动保障合法权益的，有权向劳动保障行政部门投诉。”此外，《中华人民共和国安全生产法》（以下简称《安全生产法》）第74条第一款规定：“任何单位或者个人对事故隐患或者安全生产违法行为，均有权向负有安全生产监督管理职责的部门报告或者举报。”

我国法律赋予了劳动者多元化的诉求表达机制，完善了合法表达诉求的渠道，其目的在于充分保护劳动者的合法权益，促进公平、稳定的劳动市场稳步发展，促进社会和谐、稳定。

在案例样本中，几乎所有的农民工在维权的过程中都守住了法律的底线。他们清楚，如果忽略法律的边界，将面临法律的制裁。如附录二案例G就是这样的反面教材，在公安部门和人民法院的共同协调之下，农民工与用人单位签署了赔偿协议，但是在表达赔偿诉求的过程中，农民工及家属超越了法律底线，出现了非理性的行为，两名家属被刑事拘留，最终得不偿失。

行政力量介入农民工工伤赔偿案件的时间不尽相同。一般来说，信访案件中行政权力介入的时间晚于非信访案件，然而从梳理的案例来看，在非信访案件中，行政力量的介入可能出现在工伤赔偿的任何阶段：工伤事故发生之后；工伤者同用人单位协商未果之后；工伤鉴定之后；工伤诉讼二审之后；工伤赔偿诉讼完结之后。

4.2.4　行政力量介入案件的合法性基础

通过行政力量进行工伤维权的成功，归因于合法性贯穿案件处理的始终。包括行政力量介入农民工工伤维权案件有其坚实的法律与政策基础，农民工维权守住了法律的底线。

行政力量介入农民工维权案件，其行为的合法性基础基于三个方面。

首先，各部门助力农民工维权，有法可依，有章可循。我国正处于经济社会转型时期，多元化的纠纷解决机制有助于促进社会公平正义、维护劳动人事关系和谐与社会稳定。2017 年，人力资源和社会保障部、中央综治办、最高人民法院、司法部等部门联合下发了《关于进一步加强劳动人事争议调解仲裁，完善多元处理机制的意见》（人社部发〔2017〕26 号），该意见明确提出了切实维护劳动人事关系和谐与社会稳定，是建立劳动人事争议多元处理机制的总体要求。意见还明确要求，应坚持协调联动、多方参与。在党委领导、政府主导、组织协调下，各有关部门和单位发挥职能作用，合力化解劳动人事关系矛盾纠纷。行政力量介入农民工工伤赔偿案件，正是劳动人事争议多元化处理的重要举措。

其次，在行政力量介入农民工工伤维权的案例中，相关机构与部门积极协调，主动对接，化解劳资矛盾，是党政机关为民服务、勤政务实、敢于担当的体现。《信访工作条例》第5条规定了信访工作应当遵守的原则，其中之一是：坚持以人民为中心，践行党的群众路线，倾听群众呼声，关心群众疾苦，千方百计为群众排忧解难。第13—15条要求相关机构相互协调，妥善处理信访问题。助力农民工工伤维权，既有法律依据，也有政策依据，充分彰显了党和政府全心全意为人民的根本宗旨。

再次，行政力量介入农民工工伤赔偿案件，坚持了法治，坚守了底线。2004年，国务院办公厅发布了《关于贯彻落实全面推进依法行政实施纲要的实施意见》（国办发〔2004〕24号），该意见要求各级政府、政府各部门建立、探索高效、便捷和成本低廉的防范、化解社会矛盾的机制。从前文的分析可以看到，不论是政府机构介入的方式，还是农民工最终的获赔金额，都是在法治的框架内协助农民工进行维权，实现了社会效果、法律效果的统一。

因此，对于农民工而言，不论是通过信访的方式还是非信访的方式，农民工最终获得了赔偿，一个重要的原因是，他们应在法律的框架内进行维权。《信访工作条例》第5条规定了信访工作应当遵守的原则，“将信访纳入法治化轨道，依法维护群众权益、规范信访秩序”。这意味着，国家重视农民工利益，对农民工的合法权益是坚决维护的；反之，试图通过“闹访”等方式获得额外赔偿，实现超额利益，也是徒劳的。

4.2.5 行政力量介入农民工工伤赔偿案件的方式

从各案例农民工利用行政力量进行工伤维权的效果来看，不论是西部还是其他地区，不论是通过信访的方式还是非信访的方式，各级政府都处于中立、公正的立场，多方协调、力促劳资双方依法达成协议。

介入的方式一共可以分为两类。

第一类是相关部门在职责范围之内的履职，协助农民工进行工伤维权。如在附录一案例 7 中，司法所介入案件后，组织农民工与用人单位进行协调。又如，在附录一案例 10 中，人力资源和社会保障局引导帮助农民工进行劳动关系认定、工伤认定与仲裁，最终农民工通过仲裁依法获得工伤赔偿金。在这个案件中，人力资源和社会保障局对农民工不偏不倚，成为他们合法维权道路上的“引路人”，让农民工自己申请工伤仲裁，通过亲身参与到维权当中，使农民工坚定了对法律的信心，更树立了他们对法律的信仰。

第二类是沟通与协调。如在附录一案例 12 中，农民工对伤残等级不满，当地人民调解委员会不厌其烦地宣讲法律，最终达到了息讼止争的目的，有效化解了社会矛盾。在附录二案例 L 中，介入的部门包括基层政府、总工会和人民法院。在这些案件的处理中，人民法院主要发挥了调解的职能。庭外调解是人民法院为群众提供多元化司法服务的重要组成部分，通过人民法院的介入，不仅为当事人答疑解惑，释法明理，更能有效促进调解协议的有效履行，实现了人民法院与各相关部门的良性互动。再如，在附录一案例 2 中，在当地劳动和社会保障局的协调之下，用人单位为当事人联系了医疗条件更好的医院治疗。又如，在附录一案例 7 中，经过司法所组织双方调解，农民工李某与用人单位达成了赔偿协议。考虑到李某生活困难，父母也无生活保障。经过相关部门协调、沟通，结合李某本人意愿，李某成功应聘上了当地卫生监督员的岗位。这些关怀不仅是雪中送炭，更让农民工真切感受到了党同人民群众的血肉联系。

4.2.6　行政力量介入农民工工伤赔偿案件的效果

从行政力量介入农民工维权的工作效果来看，不论是信访案件还是非信访案件，都实现了良好社会效果和法律效果。一方面，这两种介入方式是提升国家治理能力的重要手段，另一方面，行政力量既坚守了依法行政、依法履责之职，又践行了执政为民之道。在 2004 年 3 月，国务院印发了《全面推进依法行政实施纲要的通知》，该通知围绕“依法行政”提出了要求，其中“合法行政”

是基本要求之一，即“行政机关实施行政管理，应当依照法律、法规、规章的规定进行；没有法律、法规、规章的规定，行政机关不得做出影响公民、法人和其他组织合法权益或者增加公民、法人和其他组织义务的决定”。同时，行政权力对工伤赔偿案件的介入，没有对农民工或用人单位予以偏袒，更没有对农民工予以妥协，充分践行了合理行政的理念，切实将“公平、公正、不偏私、不歧视”的依法行政的基本要求落到实处。

4.3 借助行政力量进行工伤维权赔偿案的“得”与“失”

4.3.1 借助行政力量进行工伤维权之所“得”

从物质层面来看，农民工在法律规定的范围之内获得了赔偿，仅凭他们的一己之力是较难实现的。

从精神层面来看，在整个维权的过程中，除了工伤赔偿款的兑现，农民工还收获了相关政府的细心、耐心、责任心：在维权方式上对农民工的正面引导，在疑难案件上的尽心竭力地沟通、协调，使农民工在工伤案件处理过程中感受到了公平、正义，从而增强了对党和政府的理解和信任；各个机关单位在其职责范围之内，严格按照合法行政、合理行政的要求，既各司其职，又通力合作，有效形成纠纷解决合力，以实际行动提高了工伤纠纷解决的效率和社会效果，农民工的获得感、幸福感、安全感得到了提升。

进一步而言，通过违法的方式进行工伤维权，不仅不能获得有效赔偿，还有可能会承担相应的法律责任。根据《信访工作条例》第20条、第46条、第47条规定，信访人在信访过程中应当遵守法律、法规，构成违反治安管理行为的，依法给予治安管理处罚，构成犯罪的，依法追究刑事责任。在工伤维权中，有可能触犯的罪名包括：寻衅滋事罪、聚众冲击国家机关罪、妨害公务罪。

4.3.2　借助行政力量进行工伤维权之所“失”

行政力量介入农民工工伤维权案件，既要研究其所“得”，也要分析其所“失”。“失”不仅包括了农民工维权的时间成本，还包括了在赔偿数额上应得而未得的部分。工伤维权既要算“时间账”，又要算“经济账”。

从维权时间看，通过行政力量进行工伤维权，无法快速获得工伤赔偿。具体来说，某些案情复杂的劳动工伤案件处理，所耗费的时间会很长。《信访工作条例》第 22 条规定了信访工作的相关程序，包括了受理、交办、转送等流程：信访部门接到群众的来信、来访、来电后，应予登记，区分情况，在 15 日内分别按照下列方式处理：“（一）对依照职责属于本级机关、单位或者其工作部门处理决定的，应当转送有权处理的机关、单位；情况重大、紧急的，应当及时提出建议，报请本级党委和政府决定。（二）涉及下级机关、单位或者其工作人员的，按照‘属地管理、分级负责，谁主管、谁负责’的原则，转送有权处理的机关、单位。（三）对转送信访事项中的重要情况需要反馈办理结果的，可以交由有权处理的机关、单位办理，要求其在指定办理期限内反馈结果，提交办结报告。各级党委和政府信访部门对收到的涉法涉诉信件，应当转送同级政法部门依法处理”。依据《信访工作条例》的规定，信访受理机关在登记、审查、接送等每一个环节都会仔细审查、认真办理，耗费时间是自然而然的。

进一步而言，一定程度上，通过行政力量进行工伤维权所花费的时间超过了通过仲裁与诉讼进行维权的时间。在 32 个案例样本中，从维权耗费的时间来看，将信访案件与非信访案件进行对比，前者的平均维权时间要长于后者。从个别案件来看，也有农民工借助行政力量，在一年以内就拿到了工伤赔偿的，比如案件 4 和案件 8。但应当注意的是，两案件均是通过基层政府机关艰苦、细致的协调，最终获赔。

从“经济账”的层面来看，通过行政力量维权，农民工不仅没有在赔偿金额上获得额外的“优待”，某些案件中甚至比通过仲裁、诉讼的维权方式所应获得的金额要少一些。前文提到，行政力量的介入有坚实的合法性基础，农民工最终的获赔金额均在法律规定的范围之内。从32个案例样本来看，这些案件均是以协商、协调的方式结案。在这个过程中间，用人单位和农民工双方都需做出妥协和让步。通常情况下，赔偿金额通常就以“打包”的方式来计算，比如伙食费、交通费、护理费、停工留薪工资的时长和额度等都是被“打捆估算”在计赔金额当中。即使是这样，农民工往往在最终的赔偿金额上也做出了较大让步。

我国有完善的民事法律制度与工伤赔偿法律制度，在仲裁、诉讼、执行等方面具有相关制度为农民工保驾护航，如“先裁后审”、上诉制度、再审制度、诉前财产保全、强制执行制度等。每个公民只要用好这些制度，就能够有效地维护自身合法权益。从上面的分析可以认为，通过行政力量进行工伤维权可以在劳动关系认定、工伤认定、劳动能力鉴定和工伤赔偿兑现等环节上有一些突破，但在工伤赔偿金额上是需要做出让步的，所以，不管是算“时间账”，还是“经济账”，都不建议通过行政力量进行工伤维权。

4.4 小结

农民工借助行政力量进行工伤维权有两个重要原因，一是农民工对政府的信任。二是我国工伤康复资源短缺，工伤康复早期介入尚不乐观，工伤康复资金来源相对单一，相关制度尚需进一步完善。从农民工是否通过信访的方式维权，案件可以分为信访案件与非信访案件。不论是哪一种方式，行政力量的介入与农民工伤情的轻重并无明显的关联，在寻求行政力量维权之前，农民工自己都曾有过不同程度的尝试与努力。在维权的过程当中，农民工都选择了温和、冷静、合法的方式表达诉求，这为他们最终成功维权提供了可能。行政力量介入案件的过程中，政府都处于客观、公正的立场，践行了依法行政，执政为民的理念。

第 5 章　农民工通过诉讼进行工伤维权

通过调研收集了西部 S 省 N 市 2014—2018 年通过诉讼进行维权的工伤赔偿案例 232 件，涵盖了一审和二审。在这 232 个案件中，用人单位为劳动者购买工伤保险的案件仅有 25 件，占到了所有案件的 10.7%。用人单位没有为劳动者购买工伤保险的案件数量占到了案件总数的 89.3%，多数农民工要通过劳动关系认定、工伤认定、工伤等级认定，历经仲裁、诉讼等重重“关卡”，各个环节大都需经“一裁两审”，方能获得工伤赔偿，这 232 个案件正是这一时期西部 S 省普通农民工工伤维权的真实写照与缩影。一直以来，党和政府坚持将保障农民工合法利益放在工作的重要位置，我国社会保障制度在不断完善，对侵犯劳动者合法权益行为的惩治从未松懈，对劳动保障法律法规的宣传一直在强化。通过网络途径收集到 2019—2022 年的 50 个农民工工伤维权诉讼案例，分析发现，与 2014—2018 年案例相比农民工的法律意识在不断增强。通过对这些案件进行细致地梳理、分析，能够为提升农民工维权能力，保护其合法权益，提供客观的实证材料和依据。

5.1　2014—2018 年 S 省 N 市工伤赔偿案例分析

5.1.1　案例概览

5.1.1.1　案例样本的伤残等级分布

经过统计，在这些案件中，伤残等级为 10 级的案件共 28 件；9 级的共 53 件；8 级的共 34 件；7 级的 14 件；6 级的 11 件；5 级的 2 件；4 级的 8 件；3 级的 1 件；2 级的 1 件；1 级的 1 件。伤残等级 8～10 级的案件最多，约占总案件的一半。

5.1.1.2　案例样本中用人单位购买工伤保险的情况

在 2014—2018 年的 232 个样本中，多数案件是因用人单位没有给劳动者购买工伤保险而提起的诉讼。如图 5-1 所示，以每一年的案件数量作为基数，在 2014 年的案件样本中，用人单位为劳动者购买工伤保险的案件仅为当年案件总数的 12%，2015—2018 年这一数值分别为 15%、2%、15%和 9%。在 232 个案件中，用人单位为劳动者购买了工伤保险的仅有 25 件。通常情况下，劳动者不享受工伤保险，发生工伤就不能从工伤保险基金获得赔付。用人单位无视法律，不为劳动者购买工伤保险推高了工伤赔偿诉讼案件的数量和比例。

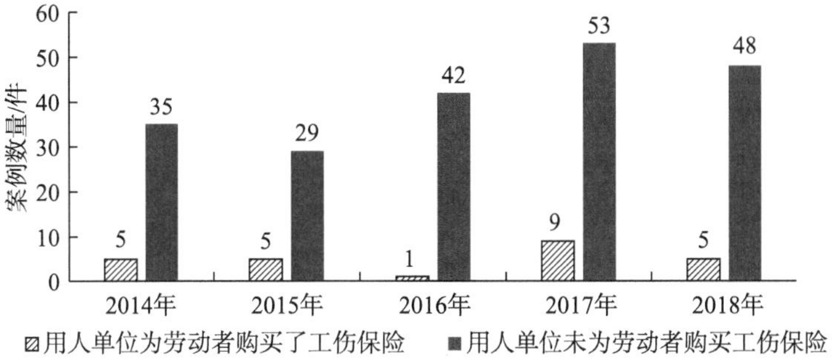

图 5-1　2014—2018 年 S 省 N 市案例样本中用人单位为劳动者购买工伤保险情况

5.1.1.3 案例样本的判决结果

如图 5-2 所示，在这 232 个案件样本中，一审案件为 158 件，二审的案件共 74 件。在这些上诉案件样本中，上诉人为用人单位的总计 63 件，约占二审案件总数的 85%，也就是说，绝大部分的二审案件是由用人单位提起上诉。在 2014—2017 年这四年间，在工伤赔偿的案件中，用人单位作为原告或者上诉人的数量均远高于劳动者作为原告或上诉人的数量。以 2014 年为例，在当年的 40 个工伤赔偿案件中，二审案件共 16 件，其中，上诉人为用人单位的共 14 件，上诉人为劳动者的有 5 件，用人单位提起上诉的约占 2014 年案件总数的 87%。从 2018 年的数据来看，原告或上诉人为劳动者的占比大幅提高。2018 年 1 月，中共中央、国务院发布了《关于实施乡村振兴战略的意见》与《乡村振兴战略规划（2018—2022 年）》。两个文件均明确提出建设法治乡村的重大任务，进一步明确将政府涉农各项工作纳入法治化轨道。这一数据的变化说明，农民工法律意识和法治观念在增强，法治乡村建设正在深入人心。❶

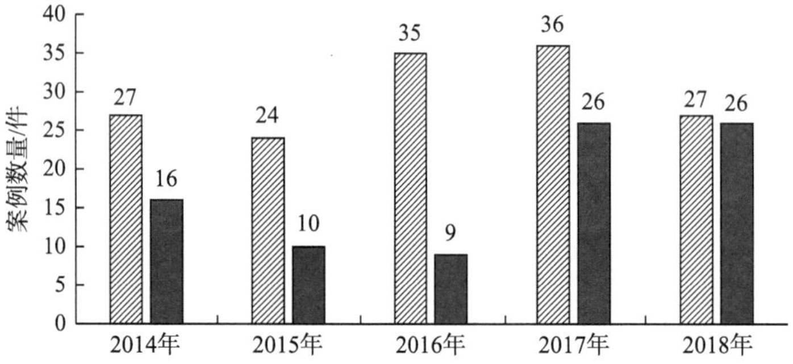

图 5-2 S 省 N 市案例样本：原告/上诉人情况对比

如图 5-3 所示，从判决结果来看，在 2014—2018 年，劳动者的诉讼请求得到全部或部分支持的案件占到了样本总数为 179 件。纵向来看，不管是劳动者

❶ 案件的统计结果包括了劳动者与用人单位双方同时上诉的情况。

胜诉案件的总数还是胜诉率都呈逐年上升的趋势。2014—2018 年，劳动者在工伤赔偿中的胜诉率分别为 78%、87%、92%、92%、93%。这些数据说明，劳动者的法律意识增强了，当其权利受到侵犯时更倾向于使用诉讼的手段寻求救济。

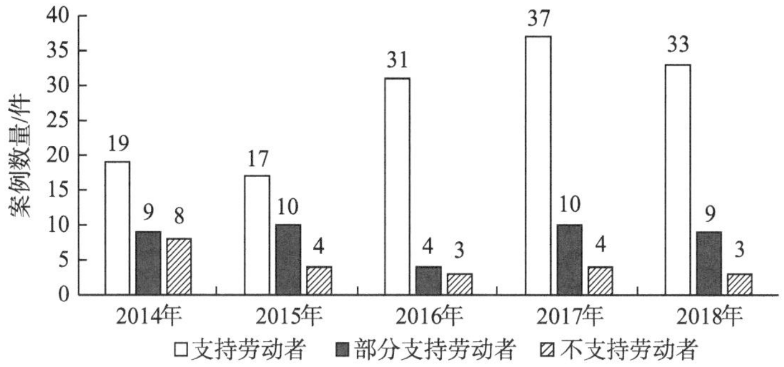

图 5-3　2014—2018 年 S 省 N 市案例样本判决结果统计

5.1.2　案件样本中常见争议焦点

为了更为细致地观察维权者在工伤赔偿诉讼阶段的维权的样态，对收集的 232 个案件的争议焦点与抗辩事由进行了梳理。经过统计，这些案件的抗辩事由大致有八类。这八类抗辩事由可以大致分为两个大类："定性"上的抗辩事由与"定量"上的抗辩事由。"定性"上的抗辩事由包括用人单位对与劳动者存在劳动关系的否认和用人单位对工伤定性的否认。"定量"的抗辩事由多集中于工伤保险待遇的计算赔付项目与计算标准等问题上。

在 2014—2018 年的 232 个案例样本中，用人单位对于停工留薪期间的工资计算存在争议的有 66 件/次[1]，其中包括了误工的时间及劳动者月工资标准；对劳动者是否享受一次性伤残就业补助金及具体金额存在争议的有 45 件/次；对护理费金额存在争议的有 17 件/次；对伙食补助费存在争议的有 15 件/次；在

[1] 在 232 个统计的案例样本中，有的案件存在一个或多个争议焦点。所以用"件/次"为单位进行统计。

请求第三人承担侵权损害赔偿责任后，对劳动者是否还可以请求社会保险行政部门支付相应的工伤保险待遇存在争议的，一共有51件/次。

5.1.2.1 劳动关系的认定与抗辩事由

在现实中，企业用工形态多样，某些用工形态要证明劳动关系的存在并非易事。如劳务外包，建设工程的违法分包、转包等，在这些场景中发生工伤事故，劳动关系的认定在实践中就存在两种不同的认定结果。由于理论与实践中存在的争议，导致了劳动关系的认定成为诉讼中的争议焦点之一。

以工程违法转包、分包为例。从现有法律规定来看，农民工服务的单位包括劳动法规定的用人单位也包括劳动法规定之外的非法用工单位。在非法用工单位受到工伤的劳动者，可以参照《工伤保险条例》第66条规定的相关标准享受工伤保险待遇。而对那些为非法用工单位提供劳务的农民工，《非法用工单位伤亡人员一次性赔偿办法》提供了兜底性的法律条款，为其提供了相应的工伤权益保障。但是，从赔偿标准、赔付主体以及赔付主体的支付能力来看，两者都存在差异。比如，根据《工伤保险条例》，赔付主体是社会保险机构或者用人单位，非法用工单位的支付能力则相对更弱。2005年劳动和社会保障部发布了《关于确立劳动关系有关事项的通知》，该通知明确了事实劳动关系成立的条件：包括了人身上的从属关系和经济上的从属关系。具体而言，一是用人单位制定的劳动规章能够约束该劳动者；二是劳动者接受用人单位的管理，比如考勤、打卡等，三是劳动者向用人单位提供劳动，该劳动内容是用人单位运行中不可或缺的部分，四是用人单位向劳动者支付报酬，劳动者提供的劳动量与劳动报酬关联。

《非法用工单位伤亡人员一次性赔偿办法》对于解决非法用工单位与农民工的劳动关系的认定起到了一定的作用，为农民工的合法权益提供了保障，但是正如前文所言，由于企业用工形态的多元化，农民工在证明劳动关系的过程中，障碍重重。实践中，在劳务外包、建设工程的违法分包、转包等情况下，劳动关系的认定存在两种情况。部分劳动仲裁机构认为，在违法分包、转包或不具备用工主体资格等情况下，用工单位与农民工之间存在劳动关系。有的地方人民法院对于违法分包或非法用工中的劳动关系持否定态度。《最高人民法院关于对最高人民法院〈全国民事审判工作会议纪要〉第 59 条作出进一步释明的答复》对此有明确解释："实际施工人与其招用的劳动者之间应认定为雇佣关系，但实际施工人的前一手具有用工主体资格的承包人、分包人或转包人与劳动者之间既不存在雇佣关系，也不存在劳动关系。"并认为"从诉讼程序看，劳动者既可以单独起诉实际施工人，也可以将承包人、分包人或转包人与实际施工人列为共同被告；从实体处理看，劳动者既可以要求实际施工人承担全额或者部分赔偿责任，也可以要求承包人、分包人或转包人承担全额或者部分赔偿责任，还可以要求承包人、分包人或转包人与实际施工人一起承担连带赔偿责任"。

5. 1. 2. 2 停工留薪期间工资的争议与抗辩事由

对于停工留薪期间工资的支付存在争议的原因包括：支付依据、支付标准、停工留薪时间等。在实践中，农民工工资发放方式灵活，且以发放现金为主，这使农民工难以举证月工资额，给停工留薪期间工资的计算带来困难。在调研中发现，农民工工资发放的方式有"一月一结""一日一结"；还有采用每月支付一定数额的生活费，到年底再统一结算支付的方式。此外，没有劳动合同是劳动者无法举证的重要原因。

5. 1. 2. 3 一次性伤残补助金的争议与抗辩事由

一次性伤残就业补助金，是对劳动能力受损下降导致的工资收入损失的部分补偿。[1] 一次性伤残就业补助金的给付由法律明确规定。《工伤保险条例》第 37 条规定，职工发生工伤，经过鉴定，被评为七级至十级伤残的，享受一次性

[1] 余飞跃，李月月. 因工伤残一次性补助金的本质、水平及政策启示研究[J]. 重庆大学学报(社会科学版)，2017，23(6)：134

伤残补助金。计算方法为：赔偿基数乘以月数。调研中发现，有的用人单位在庭审过程中无视法律规定，拒绝支付一次性伤残补助金。其主要理由是：劳动者对月工资的数额无法举证。这和我们搜集到的案例所表现出来的样态是完全一致的。当案件事实满足用人单位给付一次性伤残补助金的条件时，用人单位却拒绝支付，其抗辩虽是徒劳的，但在一定程度上，仍然会给劳动者带来心理压力，增加劳动者维权的难度。

5.1.2.4 护理费的争议与抗辩事由

从232个案例样本来看，工伤赔偿诉讼的另一争议焦点是护理费的支付。《工伤保险条例》第34条对于护理费的支付条件有明确的规定，“工伤职工已经评定伤残等级并经劳动能力鉴定委员会确认需要生活护理的，从工伤保险基金按月支付生活护理费”。从调研结果来看，用人单位常常在诉讼中以“没有医嘱，所以不需要护理，因此也就不存在护理的事实”作为抗辩理由，拒绝支付护理费。同时，工伤护理费的给付参照《最高人民法院关于审理人身损害赔偿案件适用法律若干问题的解释》，护理人员有收入的，参照误工费的计算标准，护理人员没有收入或雇佣护工的，参照当地护工从事同级别护理的劳务报酬标准计算。[1] 在调研中，用人单位抗辩的事由包括“护理人是工伤者的配偶，护理、照顾工伤者是其应尽的义务和责任，因此不应当额外支付护理费”等。

5.1.2.5 其他争议焦点与抗辩事由

从案件的总结与整理来看，劳资双方的交锋还体现在工伤保险赔偿与第三人侵权损害赔偿的关系上。因第三人侵权引起工伤事故，受伤职工是否可以“兼得”，即在享受工伤保险待遇的同时，请求侵权人承担侵权责任？这在理论界与实务界是存在分歧的，也成为工伤赔偿案件中常见的争议焦点。常见的观点主要有以下四种：替代模式、选择模式、补充模式和兼得模式。

---

[1] 蒋臻蔚，李寻昌. 建筑工程安全管理[M]. 北京：冶金工业出版社，2015：85.

(1) 替代模式。在这种模式下，因为第三人的侵权行为而遭受工伤伤害，只能请求工伤保险待遇，不能主张侵权损害赔偿。易言之，用工伤保险待遇替代侵权损害赔偿。这种赔偿模式的优点在于，减轻了受伤职工的举证责任，一定程度上减少了工伤者的诉累，简化了赔偿程序。但替代模式也受到一些学者的诟病，其原因有三：①侵权损害赔偿责任是一种法定责任，用工伤保险免除侵权损害赔偿责任的承担并无法律依据；②在这种模式下，工伤者获得的赔偿来源于工伤保险基金，那么就是工伤保险基金为侵权人买单，真正的侵权人却免于承担责任，这不合理也不公平；③在某些案件中，侵权损害赔偿责任下的赔偿项目多于工伤保险赔偿，比如精神损害赔偿、营养费。

(2) 选择模式。在因第三人的侵权行为遭受工伤的情况中，工伤职工有权选择主张工伤保险待遇抑或侵权损害赔偿，但二者不可兼而得之。这种模式将主动权赋予了工伤者，其可以选择金额更高的赔偿方式。但是，对于农民工而言，若没有专业人士的指导，其选择是茫然的。若选择工伤保险待遇，部分赔偿项目不能得到支持。若主张侵权损害赔偿，将面临更重的举证责任。[1]

(3) 补充模式。补充模式以选择模式为基础。但选择一个请求权，并不必然导致另一个请求权的消灭，其获赔的上限是实际发生损害的数额。这种模式填补了工伤赔偿与侵权损害赔偿之间的差额。[2] 对工伤者的损害进行了“填平”。

(4) 兼得模式。这种模式是指，工伤者既可以享受工伤保险待遇，又有权提起侵权损害赔偿之诉，二者不可互相替代。主张兼得模式的学者认为这种赔偿模式的理论依据在于：其一，两个请求权的基础不同；[3] 其二，生命是无价的，难以用一个确定的数字来衡量；其三，“法不禁止即自由”，从现有的法律规定来看，并未禁止这种兼得模式；其四，兼得模式体现了相对侧重对劳动者

---

[1] 刘松巍. 论工伤保险待遇与第三人侵权赔偿竞合的模式选择[J]. 云南警官学院学报,2018(2):121.

[2] 刘松巍. 论工伤保险待遇与第三人侵权赔偿竞合的模式选择[J]. 云南警官学院学报,2018(2):121.

[3] 刘松巍. 论工伤保险待遇与第三人侵权赔偿竞合的模式选择[J]. 云南警官学院学报,2018(2):121.

的保护原则。[1] 从承担责任的主体来看，如果不适用兼得原则可能带来的后果是工伤保险基金为第三人的侵权行为“买单”，换言之，采用兼得原则，让侵权人承担侵权责任是公平、合理的。从赔偿的结果来看，并未加重任何一方的责任。

学术上的争议与相关法律文件的不统一，使得农民工在进行工伤维权中，庭审的抗辩过程更加激烈。这让庭审过程看起来更加复杂，为了尽快结案。拿到赔偿后，农民工在诉讼中往往选择妥协与让步。

此外，伙食补助费的给付也是案件的争议焦点之一。通过调研，发现用人单位通常会以受伤职工在职期间的待遇为参考进行“类比”。常见的抗辩理由是：医药费已经赔了，停工留薪的工资也给了，即使是在职期间也只有工资而没有伙食补助费。

除了这些有“技巧性”“争议性”的争议焦点外，劳动者在工伤赔偿诉讼中还会面临“非技巧性”的抗辩事由。进入工伤赔偿诉讼程序的案件，在劳动关系的认定、工伤认定、伤残等级鉴定等问题上就已经定性。然而，在232个案例样本中，用人单位否认存在劳动关系的有32件。对伤残鉴定结果持有异议的有5件。如果劳动者一方没有专业律师的介入，在工伤赔偿诉讼中必然处于弱势地位。

5.1.3 案件诉讼成本与维权困境

5.1.3.1 工伤赔偿案件诉讼时间成本

通过诉讼的方式获得工伤赔偿的程序较为烦琐。劳动者需要经过劳动关系的认定、工伤认定、劳动能力鉴定等程序。每个程序耗费掉的时间总和就是劳动者维权所需的时间成本。对S省N市的232个案件进行统计，得到图5-4，

[1] 周忆.论中法两国劳动法基本原则之异同[J].公民与法(法学版),2010(8):60.

统计的时间为工伤发生之日起到案件判决作出之日止，不包括工伤赔偿判决作出后，用人单位履行判决的时间。

在 232 个案例样本中，经历了劳动关系认定的案件一共 30 件。2015 年平均耗时最长，为 2. 57 年，2016 年平均耗时最短，为 1. 97 年。综合来看，2014—2018 年劳动者通过诉讼获得工伤赔偿的平均耗时为 2. 25 年。

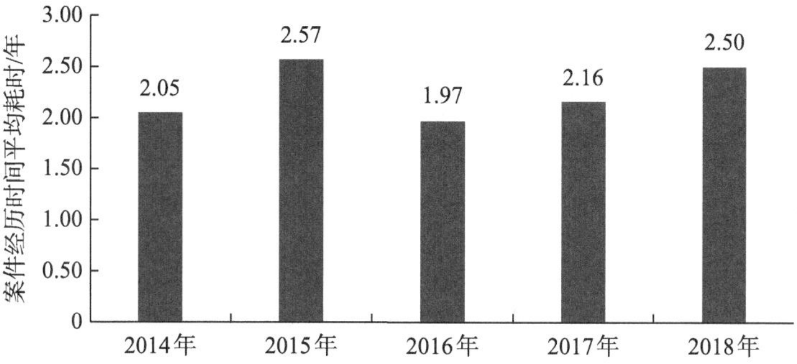

图 5-4　案件平均耗时

在 232 个案例样本中，用人单位对人力资源和社会保障局作出的工伤认定不服，提起行政复议和行政诉讼的案件共 38 件，占到了案件总数的 16%；对劳动能力鉴定结果不服而要求重新鉴定的有 28 件，占案件总数的 12%。

5. 1. 3. 2　工伤赔偿诉讼案件维权困境。

在调研中，一旦工伤赔偿案件进入诉讼程序，调解率是不高的。其原因归纳起来有四点：第一，从这些工伤赔偿案件来看，进入诉讼程序的案件可调解性并不强。因为在历经若干个前置程序后，多数案件的双方矛盾已经被激化，双方能够心平气和地坐下来接受调解的可能性不是很高。第二，从现有的制度供给来看，现有的法律制度并不能向劳资双方提供和解与谈判的正向激励。第三，从诉讼成本来看，用人单位利用诉讼程序拖延时间并不会为其增加高额的诉讼成本。其四，通常情况下，在诉讼阶段，工伤赔偿的调解案件中，通过调解获得的赔偿通常低于通过诉讼判决的赔偿金额。

5.2 2019—2022年农民工工伤赔偿案件分析

5.2.1 当前农民工诉讼维权的法治背景

5.2.1.1 诉源治理背景下劳动争议案件减少

按照党的十九大报告提出的“加强预防和化解社会矛盾机制建设，正确处理人民内部矛盾”的要求，诉源治理被最高人民法院“五五改革纲要”所吸纳，明确列为今后五年人民法院一项非常重要的改革任务。[1] 随着劳动争议案件的诉源治理工作的落实，多地开展了劳动争议多元化解试点工作，如四川各地结合实际，在人民法院、人力资源和社会保障部门、司法行政部门、工会4家协同的基础上，把政法、市场监管、行业主管部门、工商联等部门和组织纳入其中，扩大合作范围，整合资源，探索建立统筹力量的多元化解模式。2020年，最高人民法院、中华全国总工会联合部署确定四川为全国第一批11个省市试点之一，2020年开展劳动争议多元化解试点工作以来，四川调处劳动争议2.5万余件。[2] 大量的案件在诉讼外化解，将大量矛盾纠纷止于诉前，劳动争议案件大大减少。

5.2.1.2 劳动合同签订率与工伤保险购买率逐年提高

一直以来，各级政府都高度重视劳动者的社会保障。在劳动合同签订的层面，2008年《劳动合同法》正式实施。得益于国家的大力宣传引导，“已建立劳动关系未同时订立书面劳动合同的，应当自用工之日起一个月内订立书面劳动合同”等条文内容早已深入人心。从人力资源和社会保障部公布的数据来看，

---

[1] 狄少增.基层人民法院如何做好诉源治理工作[N/OL].法治日报,2021-10-13[2022-07-29].http://m.legalweekly.cn/zfdt/2021-10/13/content_8610060.html.

[2] 锦观新闻.2020年以来四川调处劳动争议2.5万余件[EB/OL].(2022-07-01)[2022-07-29].https://baijiahao.baidu.com/s?id=1737153926420526915&wfr=spider&for=pc.

截至 2019 年，全国企业劳动合同签订率达 90% 以上。[1] 在工伤保险的层面，各省根据《工伤保险条例》等法律规范出台了具体的实施细则。2021 年四川省人力资源和社会保障厅等 8 部门联合印发了《四川省工伤预防五年行动方案（2021—2025 年）》。该方案要求，降低建筑施工等重点行业的工伤事故发生率，提升用人单位与劳动者工伤预防意识，以及落实《工伤保险条例》。近年来，工伤保险覆盖率逐年稳步提升。从四川省人力资源和社会保障厅发布的数据来看，2019 年年末，全省参加工伤保险人数为 1177. 1 万人。到 2020 年，增加到了 1320. 1 万人，比上年末增加 142. 9 万人，建筑业新开工建设项目工伤保险参保率 99. 7%。到 2021 年年末，全省参加工伤保险人数达 1472. 06 万人，比上年末增加 151. 98 万人，建筑业新开工建设项目工伤保险参保率 100%。

5. 2. 1. 3　个别企业逃避用工责任

当下，仍有一些用人单位为了压低用工成本，逃避用工责任，想方设法不与劳动者签订劳动合同，加之农民工自我保护意识不够，损害农民工合法权益的行为仍时有发生。劳动关系的成立是劳动者向用人单位主张民事权益的前置条件，劳动关系成立是主张工伤赔偿的前提。在实践中，由于事实劳动关系、挂靠等因素的存在，使劳动关系的认定成为工伤维权中的主要障碍之一。[2] 司法实践中，对事实劳动关系认定的裁判观点尚未完全统一[3]，这导致了劳动关系认定和工伤赔偿案件中的劳资双方在庭审中争议较大，较难实现双方均服判息讼。而不论哪一方提起上诉，都会增加农民工的维权成本。

---

[1] 人社部：去年全国企业劳动合同签订率达 90% 以上[EB/OL].（2020-06-05）[2022-07-28]. http://www.rmzxb.com.cn/c/2020-06-05/2589036.shtml.

[2] 宋鹏. 民行交叉视野下的事实劳动关系认定研究：以 100 件涉挂靠经营案件为分析样本[J]. 法律适用，2017（7）：91.

[3] 人社部：去年全国企业劳动合同签订率达 90% 以上[EB/OL].（2020-06-05）[2022-07-28]. http://www.rmzxb.com.cn/c/2020-06-05/2589036.shtml.

5.2.2 案件概览

为了全面、完整地展示近年来农民工工伤维权的最新动态，厘清裁判思路，分别以“农民工”“劳动关系认定”和“农民工”“工伤认定”为关键词，时间限定在2019年—2022年8月，地域限定为S省N市，在中国裁判文书网、北大法宝上收集了50个案例。在这50个案件样本中，只涉及劳动关系认定的有27件，只涉及工伤认定和工伤赔偿的有2件，既涉及劳动关系认定又涉及工伤认定和赔偿的有21件。通过对这些案件的分析，以期追根溯源、有的放矢地提出提升农民工的证据固定与证据保存能力的相关建议，维护农民工的合法权益。

（1）案件样本中的伤残等级。分布在这些案件中，伤残等级为10级的案件共2件；9级的共2件；8级的共1件；7级的共2件；4级的共4件；3级的共2件；2级的共1件，工亡的共4件；未达到伤残等级的是1件，未说明伤残等级的2件，未被认定为工伤的2件。

（2）提起上诉的主体。在这些案件中，二审由劳动者提起上诉的共26件，由用人单位提起上诉的共13件，由劳动者和用人单位都提起上诉的共4件，由承包者提起上诉的共1件，由劳动者和承包者都提起上诉的共1件，由劳动者和雇主都提起上诉的共1件。再审由劳动者提起申请的共4件。

（3）案件争议焦点。在认定劳动关系是否成立的案件中，争议焦点主要有：用人单位给劳动者支付的报酬性质是劳务费还是工资；用人单位向劳动者支付的报酬是否具有持续性、稳定性；双方是否有建立劳动关系的合意；劳动者是否接受了用人单位的工作指派，是否受其规章制度的约束。在工伤认定与赔偿部分案件中，争议焦点主要有：用人单位是否为工伤赔偿待遇的主体；能否对劳动者的身体伤害参照工伤保险待遇标准进行赔付；一次性工伤医疗补助金是否应得到支持；停工留薪期工资、一次性伤残补助金应如何确定；计算赔偿依据的劳动者月工资标准如何确定等。

(4) 维权时间。在工伤维权案件中，最长的维权时间为 84 个月，最短的维权时间为 13 个月，平均维权时间为 2. 89 个月。

5.3 农民工工伤赔偿相关诉讼案件实证研究

工伤赔偿与劳动关系的认定密不可分，研究农民工工伤赔偿案件，对劳动关系认定的案件进行研究是不可缺位的。在 50 个案例样本中，本节选取了 6 个案例进行分析，为了有效地进行对比研究，败诉与胜诉的案件各选 3 个。

5.3.1 农民工劳动关系认定案件实证研究

5.3.1.1 农民工劳动关系认定败诉案件实证研究

【案例】

2019 年 7 月 18 日至 2020 年 7 月 11 日，李某在 S 省 D 建设工程公司所承建的项目工地工作。2019 年 7 月 22 日，S 省 D 建设工程公司与刘某签订《沟通须知》，约定刘某为项目责任人，对工程的管理制度与工作流程进行了告知。并约定刘某负责现场施工管理，如造成 D 公司出现人工、材料、机械款等款项拖欠行为，由刘某负责。2020 年 7 月 11 日，李某向劳动人事争议仲裁委员会提起仲裁请求，要求确认自己与 D 公司之间存在事实劳动关系，并要求 D 公司支付拖欠工资以及支付未签订劳动合同二倍工资的差额。劳动争议仲裁委员会认为，李某与 D 建设工程有限公司存在劳动关系。D 建设工程有限公司不服，提起诉讼。一审法院确认，D 建设工程公司与刘某形成建设工程转包合同关系。同时，李某接受刘某的管理，其工资由刘某审核，因此，李某与 D 建设工程有限公司不存在劳动关系，并驳回了李某的其他诉讼请求，李某不服提起上诉。二审法院维持原判。

在李某诉S省D建设工程有限公司劳动争议案［案号：（2021）川01民终17239号］中，李某在一审败诉，原因在于两点：一是李某不能证明自己直接接受了建设工程公司的安排、管理；二是李某不能证明自己为建设工程公司持续提供了劳动。

庭审中，李某提交了两份看似关键的证据——《农民工用工备案表》两份，证据载明：李某、杨某等人系某初级中学建设项目管理人员，李某的工资为12000元/月。在该备案表上，李某在“班（组）负责人签字（或盖章）”处签字捺印。作为项目转包中的承包人，刘某在“项目部审核签字并盖章”处签字，建设工程有限公司在“项目部审核签字并盖章”处加盖公章。从《农民工用工备案表》上可看出，李某是班组负责人，刘某是整个项目审核的人员。但是，李某的工资待遇标准并非由建设工程公司审核，而是由刘某审核确认，同时，建设工程公司与刘某就涉案项目形成的是建设工程转包合同关系。因此，人民法院认定李某受建设工程公司直接管理的可能性较小。

李某在完成项目工作后，由D建设工程公司一并结算劳动报酬，工程结束后其不再提供劳动。因此，其与建设工程公司之间的劳动关系并不稳定。李某不能证明其与D建设工程公司之间存在建立劳动关系的合意，也不能证明建设工程公司对其进行了管理。李某提供的介绍信、工作牌等只能证明李某作为现场管理人员与发包人接洽工作。

二审中，双方的争议焦点是双方是否具有建立劳动关系的合意——建设工程公司的各项规章制度是否适用于李某以及李某是否受用人单位的劳动管理。

李某在庭审中提交了新的证据，但仍败诉的原因在于：其提供的证据与待证事实不具有关联性。换言之，李某无法提供接受D建设工程公司管理，与公司存在并成立劳动关系合意的证据。首先，在二审中，李某提交了《人民法院案例选》确认劳动关系纠纷案例裁判要旨汇总，显然，这与证明对象没有关联。其次，李某提交的《员工证明书》上虽加盖有建设公司的财务专用章与法人印章，但载明的内容是刘某系 D 建设工程公司的工作人员，而非李某是 D 建设工程公司的工作人员，再次，李某提交的《建设工程农民工工资专用账户资金托管协议》与自己是 D 建设工程公司的员工之间没有必然联系。

【案例】

2019 年 4 月，Z 建工集团作为工程承包人，与 Z 劳务公司作为劳务分包人签订了建设工程施工劳务分包合同。双方约定，Z 劳务公司分包 Z 建工集团承建项目的相关劳务。Z 劳务公司又将其承包的部分劳务违法分包给孔某，孔某又与杨某签订《工程承包协议》。杨某在案涉项目进行施工时跌落受伤。2020 年 3 月，杨某以 Z 劳务公司为被申请人提起劳动仲裁，要求相关工伤赔偿。仲裁委以杨某未提交工伤认定的证据为由，驳回杨某仲裁请求。杨某遂向人民法院提起诉讼。后因杨某未按时缴纳案件受理费，一审法院裁定按撤诉处理。2020 年 9 月，杨某以 Z 建工集团为被告提起上诉，一审法院判决，确认杨某与 Z 建工集团的劳动关系于 2020 年 9 月解除，并判决 Z 建工集团支付经济补偿金，并驳回杨某的其他诉讼请求。Z 建工集团不服，提起上诉，二审法院撤销一审法院的判决，并驳回杨某全部诉讼请求。

在 Z 建筑工程集团有限公司与杨某等劳动争议案［（案号：（2021）川 01 民终 17914 号）］中杨某败诉的原因有五个方面。

第一，杨某不能证明其所获得的报酬为 Z 建工集团发放。在庭审中，杨某认为，Z 劳务公司系受 Z 建工集团委托对其按月发放工资。但从杨某和提供的证据显示，其提到的工资“按月发放”并不成立。其从 Z 劳务公司的领款时间、金额均不固定，有时一月领几笔，有时几个月才领款，每次领取的金额也不固定。这与杨某陈述的按月领取是矛盾的。

第二，杨某前后的陈述出现反复与矛盾。同时，向仲裁机构提起的仲裁请求与向人民法院提起的诉讼请求前后矛盾。在一审中杨某陈述其工作系朋友介绍，具体是哪个自己不清楚，只有第三人清楚，在二审中又陈述为自己系通过檀某的介绍。此外，杨某在之前提起的劳动仲裁申请中主张与Z劳务公司存在劳动关系，在诉讼中杨某又主张自己同Z建工集团存在劳动关系。因此，人民法院认定，杨某与Z建工集团并无建立劳动关系的合意。

第三，杨某虽提交了工牌，但是不能证明自己与Z建工集团存在劳动关系。杨某在二审中陈述，工牌系2020年春节之后由劳务公司向其发放的，但杨某又称，2018年9月16日从孔某处承包了案涉工程。加之，其提供的工牌上的防疫码和健康码均是新冠疫情暴发之后产生的，即工牌是2020年之后取得的，但杨某主张劳动关系成立在此之前。因此，人民法院认定，工牌并不能证明杨某与Z建工集团之间具有劳动关系。

第四，杨某无法证明自己接受了Z建工集团管理，也就无法证明与Z建工集团之间存在劳动关系。杨某称其上级管理人员是檀某，而Z建工集团与孔某签订的《建设工程施工劳务分包合同》中劳务公司的项目经理是檀某，檀某是Z劳务公司的员工而并非Z建工集团的员工，因此杨某不是接受Z建工集团的管理，而是接受Z劳务公司的管理，双方不存在从属关系。

第五，杨某提交的《事故证明》不能证明其与Z建工集团存在劳动关系。《事故证明》是杨某在办理保险时提交的，并没有证明劳动关系的相关效力，从该事故证明的文字表达来看，仅仅陈述了工程场地发生了杨某受伤的事故。

本案值得探讨的是：从一审裁判结果来看，《事故证明》是证明杨某与Z建工集团之间存在劳动关系的重要证据。一审法院认为，其一，从文字表述来看，《事故证明》清楚明确地记载，杨某于2018年10月1日起“受聘”于Z建工集团、从事泥工施工工作，Z建工集团称《事故证明》没有证明劳动关系，对此证明内容形成的原因却无法作出合理解释，Z建工集团作为法人组织，应当具备相应的认知和判断能力，对其在工程现场设立的项目部负有管理职责，对项目部实施的行为和产生的法律后果应当承担相应责任。其二，从《事故证明》出具的时间来看，其出具的时间已是杨某发生受伤事故一年后，该证据出具时杨某已经以 Z 劳务公司为被申请人向仲裁委提起仲裁申请，Z 建工集团具有充分的时间和条件来核实杨某是否系 Z 建工集团的员工。也正因为如此，恰恰能够证明杨某与 Z 建工集团之间的劳动关系存在。

二审中，人民法院对《事故证明》这一证据进行了再次认定，人民法院认为该证据并不能证明杨某与 Z 建工集团之间存在劳动关系。其主要的原因在于：杨某只能证明其接受檀某的管理，而无法证明檀某受 Z 建工集团委托或基于履行 Z 建工集团的职务行为对其进行管理。相反，Z 建工集团与劳务公司签订的《建设工程施工劳务分包合同》证明檀某系劳务公司委派至案涉项目的项目经理，因此，杨某与 Z 建工集团不存在劳动关系的判决是合法、公正、准确的。

5.3.1.2　农民工劳动关系认定胜诉案件实证研究

与以上两个案例不同的是，在一些事实劳动关系中，只要举证恰当，事实劳动关系就能被确定下来，作为劳动者的合法权益就能被维护。

【案例】

在蒋某诉深圳市 H 建筑劳务有限公司劳动争议案［（案号：（2021）川 20 民终 1340 号）］中，一审蒋某败诉，遂提起上诉。由于在二审中蒋某提交了关键证据并被人民法院采信，二审蒋某胜诉。在该案中，W 公司与 H 建筑劳务公司就某小区精装工程项目施工签订了《建设工程劳务分包合同》，W 公司为发包方，H 建筑劳务公司为承包方，蒋某经张某介绍，到案涉工地从事精装项目工作。H 建筑劳务公司向蒋某支付劳务费，该案的争议焦点是 H 公司与蒋某之间是否存在劳动关系。

在一审中，蒋某败诉。

原因在于：其一，蒋某不能证明自己接受了 H 公司的管理与工作指派。H 公司提出，蒋某是由第三人张某招录到涉案工地的，且张某对蒋某进行日常管理和确认工资结算，张某与蒋某商定工资标准、工作范围，并由张某对其进行日常管理、工资确认结算等。因此，蒋某与H公司不存在任何劳动关系，人民法院认可了H公司的抗辩理由。

其二，蒋某无法证明其与H公司有建立劳动关系的合意，也未能举证证明第三人张某的管理与工作指派行为是代表原告H公司履行职务的行为。此外，第三人张某也当庭否认与H公司存在任何关系。

其三，蒋某虽提供了H公司支付劳务费的证明，但无法证明与H公司之间存在劳动关系。该案中，H公司虽认可向蒋某转账，但强调该款项的性质是给付给蒋某的劳务费，既然是劳务费，就不能认定双方存在劳动关系。同时，蒋某无法证明H公司制定的各项劳动规章制度适用于自身，且并未证明其受H公司的劳动管理，从事H公司安排的有报酬的劳动。

其四，由于H公司属于"非建筑施工的用人单位或发包方"的主体资格，导致了人民法院未支持劳动关系成立。根据《劳动和社会保障部关于确立劳动关系有关事项的通知》（劳社部发〔2005〕12号）第4条的规定："建筑施工、矿山企业等用人单位将工程（业务）或经营权发包给不具备用工主体资格的组织或自然人，对该组织或自然人招用的劳动者，由具备用工主体资格的发包方承担用工主体责任。"H公司既非建筑施工企业，又非矿山企业，因此，H公司不承担用工主体责任。

在二审中，蒋某提交了新的证据，最终胜诉。

原因在于：其一，蒋某提交了案涉工地施工现场工人动态管理花名册、劳务考勤记录表，蒋某在该花名册和考勤记录表所列人员名单中。这是人民法院最终认定蒋某与H公司之间存在劳动关系的关键证据。考勤记录证明了蒋某系H公司施工现场工人，对其进行了考勤。

其二，H公司是案件所涉工程项目的劳务实施单位。W公司蒋某小区的精装项目发包给H公司。劳务是建设工程的最小单位，不存在再分包或者转包的问题。H 公司的经营范围就是组织人员，直接为施工单位提供劳务。H 公司作为法定的劳务组织者，与所有参与建设工程的劳务人员之间形成劳动用工关系，应当对提供劳务人员承担劳务费用支付义务。

其三，二审中，对工作的介绍人的身份与性质进行了界定。人民法院认为，工作介绍人张某仅是上诉人蒋某参与 H 公司劳务队的介绍人，不是劳务使用人。

【案例】

J 公司与 C 市某商贸公司签订工程发包合同，承建商贸公司的工程项目。袁某挂靠于 J 公司，后袁某雇佣周某在 J 公司承包的涉案项目务工。J 公司为周某发放工牌，但并未对周某进行打卡等内容的制度管理。周某向人民法院提起诉讼，要求 J 公司支付拖欠的工资，并要求支付未签订劳动合同的双倍工资。一审法院认为，周某与 J 公司之间存在事实劳动关系，应向周某支付经济补偿金四万余元。J 公司不服，提起上诉，二审法院认为，上诉理由不能成立，予以驳回。

在一审中，周某未提供证据证明其在 J 公司工作的内容，以及受 J 公司规章制度管理、安排等事实。但仍然取得了胜诉的结果，其原因在于以下三点：

第一，周某能够证明 J 公司持续、稳定地向其支付款项的事实。这对双方成立劳动关系具有印证作用。

第二，证人证言能够证明周某在 J 公司工作。证人袁某的证言能够证明周某在 J 公司所承建的项目上工作，同时，袁某认可周某并不受其管理，也并非自己的雇用人员。同时，证人还证明了自己也从 J 公司处获得工资，这更加证明了其对周某并未实施独立管理。

第三，J 公司抗辩周某系袁某的雇佣人员，并未得到人民法院支持。庭审中，J 公司提出，向周某发放的工资是基于支付农民工工资保障而代实际施工人进行的支付，但J公司并未提供任何证据证明。

在二审中，J公司提供了新的证据。但二审法院维持了一审的审判结果，支持了农民工周某的诉讼请求，原因在于以下四点：

第一，证人的证言推翻了J公司提供的证据。J公司向法庭提交了《员工刷卡记录表》及《考勤管理制度与处罚规定》，欲证明：周某不是J公司员工。J公司认为，除管理人员不需要打卡外，其他所有正式员工都需要打卡，而《员工刷卡记录表》没有周某的记录。但证人证明："周某是通过袁某介绍来帮着监管项目的"，这反映出周某的身份为"项目管理人员"，属于不用考勤打卡类人员。既然周某不用考勤打卡，《员工刷卡记录》上没有周某的打卡记录，就不能证明周某并非该公司员工。同时，J公司提供《考勤管理制度与处罚规定》也就不能证明该制度及规定未约束周某。

第二，二审法院再次确认，J公司向周某支付的是"工资"，并非"劳务费"。二审的庭审中，J公司对一审法院查明的聊天记录表述为"工资"有异议，认为此处的费用性质为"劳务费"。二审法院通过再次核查查明，一审卷宗内的聊天记录显示为"工资"。

第三，周某与钟某的微信聊天记录，证明了周某与J公司之间存在劳动关系。一审法院已查明，钟某系J公司工作人员，而钟某在与周某的微信聊天记录中称"因为之前我们都是扣的3000（元），刚问了领导，那你们就以后都扣1000（元）"，足以证明周某与J公司其他工作人员受到的制度约束一致。

第四，J公司不能证明自己与袁某存在挂靠关系。二审中，J公司坚持认为，其与袁某存在挂靠关系，周某系袁某个人雇佣，因此，J公司与周某之间不存在劳动关系。同时，J公司对于其向周某支付工资行为的解释是，该行为系基于对农民工工资的监管支付，对于双方之间是否存在劳动关系没有关联。但是，在庭审中，对于这一主张，J公司无法提供相关证据作为支撑。

从以上案件的分析可以看到，当事人的举证能力决定了案件的胜负。通过对这些案件的对比、分析可以看到，在每一个案件中，人民法院严格遵照《民事诉讼法》第 7 条“必须以事实为根据，以法律为准绳”的要求审理案件。在证明劳动关系的案件中，适用“谁主张、谁举证”举证责任分配原则。即农民工主张与用工主体存在劳动关系，农民工就承担举证责任。同时，根据《最高人民法院关于适用〈中华人民共和国民事诉讼法〉的解释》第 90 条的规定，“当事人对自己提出的诉讼请求所依据的事实或者反驳对方诉讼请求所依据的事实，应当提供证据加以证明，但法律另有规定的除外。在作出判决前，当事人未能提供证据或者证据不足以证明其事实主张的，由负有举证证明责任的当事人承担不利的后果”的规定。如果不能就劳动关系成立的相关要素举证，劳动关系就不能被认定。

5.3.2　农民工工伤赔偿案件实证研究

5.3.2.1　农民工工伤赔偿败诉案件实证研究

【案例】

上诉人 S 省 J 建设工程有限公司（以下简称“J 公司”）于 2018 年 3 月承建了公路改建工程，工程竣工后，为清理堰沟，J 公司项目部工作人员温某找到何某，与何某口头约定，由何某承揽堰沟清理工作，上诉人支付何某 43000 元。何某遂联系了当地 8 位民工，由何某负责安排具体施工，登记工作天数。2019 年 3 月 8 日，张某驾驶何某的无牌号三轮摩托车搭乘秦某前往工地清理沟渠，途中车辆侧翻。秦某经抢救无效死亡、张某受伤、三轮摩托车受损。事发后公安局交通管理大队经勘查，作出道路交通事故责任认定：①张某承担此次事故的全部责任；②秦某不承担此次事故的责任。

事发后，秦某的妻子黄某向仲裁机构申请劳动仲裁，要求依法确认秦某与被申请人 J 公司存在劳动关系。仲裁结果是：J 公司承担秦某的用工主体责任。J 公司不服裁决，向一审法院提起诉讼。一审判决用工单位 J 公司承担工伤保险责任，J公司提起上诉。二审法院撤销了一审判决，并认定上诉人J公司与秦某不存在劳动关系。

在建工领域，用工方式灵活，解决了大批农民工的就业，也为劳资纠纷的产生带来隐患。

该案一审中，双方的争议焦点有三个：一是，原告J公司与死者秦某是否形成了事实劳动关系；二是，原告J公司是否应该承担用工主体责任即承担工伤保险责任；三是，原告J公司与第三人何某之间是什么关系。

针对以上争议焦点，庭审各方展开了激烈的辩论。原告在庭审中主张堰沟清理工作是由其项目部工作人员温某口头与第三人何某协商，承揽给了何某，由何某自行找民工完成施工。对于原告的主张，何某不予认可，其认为自己与J公司不是承揽关系，而是委托关系，理由是温某只是委托自己找民工来清理堰沟，自己只负责安排每天工作、拍照、记录工作天数，工资还是由原告J公司发放。因此，J公司应当承担用工责任。

一审法院认为，原告J公司与第三人何某是一种劳务分包关系。秦某等人系何某召集、安排进行施工，其所做堰沟清理工作是原告实施公路改建施工造成的附属、临时性工作。一审法院判决：（1）原告J公司与秦某之间不成立劳动关系。（2）根据《关于确立劳动关系有关事项的通知》第4条、《最高人民法院关于审理工伤保险行政案件若干问题的规定》第3条第一款第（四）项等规定，用工单位J公司违反法律、法规规定将承包业务转包给不具备用工主体资格的自然人何某，何某聘用的职工从事承包业务时因工伤死亡的，用工单位J公司为承担工伤保险责任的单位。因此，原告J公司应当承担秦某死亡的工伤保险责任。J公司不服判决，提起上诉。

二审法院认为，该案不是劳动争议案件的审理范围，撤销了一审判决，并认定上诉人J公司与秦某不存在劳动关系。二审法院依据是，该案应当适用《劳动争议调解仲裁法》第2条的规定，“中华人民共和国境内的用人单位与劳动者发生的下列劳动争议，适用本法：（一）因确认劳动关系发生的争议……（五）因劳动报酬、工伤医疗费、经济补偿或者赔偿金等发生的争议……”也就是说，因为工伤医疗费发生的争议应当“先裁后审”。

在二审的裁判中，人民法院对判决结果进一步进行了释明。即依据《工伤保险条例》第 17 条规定，职工发生事故伤害应向统筹地区社会保险行政部门提出工伤认定申请。用人单位未依照相关规定提出工伤认定申请的，工伤职工本人或者其近亲属等可以直接向社会保险行政部门提出工伤认定申请。如对工伤认定结论不服，可以依法申请行政复议，也可以依法向人民法院提起行政诉讼。所以，是否构成因公伤亡，应由用人单位所在地设区的市级社会保险行政部门依法作出认定，人民法院不应在民事案件中直接作出认定。

诉讼策略决定了维权的成本，更影响了维权的效果。实际上，黄某败诉的教训是可以避免的。其败诉的原因在于以下三个方面：

其一，黄某既没有厘清案件事实，也未把握好维权的思路。从 2019 年 3 月案发到 2020 年 4 月二审审结，案件经历了仲裁、一审和二审，历时一年多，从审判结果来看，案件又回到了原点。黄某提起仲裁请求确认劳动关系，仲裁委员会作出裁决，对劳动关系不予认定。而工伤的认定一定是以劳动关系的认定为基础的。承担工伤保险责任，也以劳动关系的成立为前提。因此，如果不成立劳动关系，就不存在工伤，更没有工伤保险责任的。二审法院撤销一审法院的判决是合法的、正确的。因为没有较好地把握案情，导致浪费了时间，走了弯路。

其二，黄某应直接提起民事诉讼请求。该案中，秦某从事的是临时性的工作，且并未接受 J 公司的制度管理和约束。因此，二者之间不存在劳动关系是明确的。结合案件的其他事实，J 公司与秦某之间构成劳务关系，J 公司应当承担用工主体责任，直接提起民事诉讼，要求 J 公司承担侵权赔偿责任有事实依据。

其三，该案中，秦某虽与 J 公司之间是劳务关系，通过民事诉讼维权，黄某可以提请民事侵权赔偿。在劳务关系下，该案适用《最高人民法院关于审理人身损害赔偿案件适用法律若干问题的解释》第3条第一款的规定：“依法应当参加工伤保险统筹的用人单位的劳动者，因工伤事故遭受人身损害，劳动者或者其近亲属向人民法院起诉请求用人单位承担民事赔偿责任的，告知其按《工伤保险条例》的规定处理。”因此，秦某与J公司之间不存在劳动关系，但不影响黄某提起民事诉讼并获得赔偿的权利。换言之，黄某获得赔偿既有事实依据，又有法律依据。

5.3.2.2 农民工工伤赔偿胜诉案件实证研究

在农民工工伤赔偿案件中，还有一类案件同样具有代表性。一些农民工已到退休年龄，但仍在城市务工，这一类群体在工作中发生伤害，是否能够被认定为工伤？H劳务有限公司与王某等提供劳务者受害责任纠纷案［（案号：（2021）川11民终1643号）］，就是这一类案件的典型。

【案例】

H劳务公司的法定代表人陈某作为甲方，王某作为乙方，黄某作为丙方，三方签订协议书。甲方要求：丙方高空作业人员若未戴安全帽、安全带及未在购买保险的名单里，出现工伤事故由丙方自己承担；保险由甲方购买，丙方填写名单并上传到甲方微信群即可。丙方要求：工伤事故5000元以下部分由丙方负责，5000元以上部分由甲方承担。王某受黄某的聘请从事劳务工作并在从事劳务过程中受伤。

该案的争议焦点：一是王某的损失能否参照工伤保险待遇标准进行赔付；二是一次性工伤医疗补助金是否应得到支持；三是停工留薪期工资、一次性伤残补助金应如何确定。针对这些争议焦点，人民法院通过条分缕析，作出裁判。

第一，对于王某超过退休年龄，是否应当享受工伤保险待遇，有明确的法律依据。结合《最高人民法院民一庭关于达到或者超过法定退休年龄的劳动者

（含农民工）与用人单位之间劳动关系终止的确定标准问题的答复》［（2015）民一他字第 6 号］，超过法定退休年龄的农民工没有享受养老保险待遇的，在工作中受伤可以认定为工伤，可以享受工伤保险待遇。

第二，王某的一次性工伤医疗补助金得到人民法院的支持。《四川省人力资源和社会保障厅关于进一步做好工伤保险工作若干意见的通知》（川人社发〔2015〕22 号）第 13 条第三款规定："工伤职工按规定办理了退休手续的，不支付一次性工伤医疗补助金和一次性伤残就业补助金"。在该案中，王某在受伤时已超过法定退休年龄，但并无证据证明王某已按规定办理了退休手续，因此应当享受工伤补助金。

第三，王某停工留薪期的工资得到了支持。但人民法院并未以庭审中王某主张的月平均工资作为计算停工留薪期间的工资标准。人民法院认为，参照相同行业或相近行业职工的平均工资进行计算更为合理。其原因有三：一是，对于人民法院对王某主张六个月的工资总额为 89900 元的事实，人民法院不予认可。在 2020 年 6 月 28 日至 2021 年 2 月 5 日期间，王某收到转账共计 89900 元，但王某随即向案外人黄某等人全额转款或转出已收款的绝大部分。黄某等人系案涉工程在不同时间段的实际施工人，也是王某在案涉工地务工期间不同时段的雇主。其二，根据王某在案涉工地务工时已超过法定退休年龄及从事杂工工作的实际情况，其主张的月平均工资为明显不符合常理。

第四，王某一次性伤残补助金的请求得到了人民法院的支持。因 H 劳务公司并未为王某缴纳工伤保险，故王某的月平均缴费工资无法确定。《四川省工伤保险条例》第 48 条第二款规定："工伤职工本人工资标准难以查实的，按职工受伤或诊断（鉴定）为职业病时上年度全省城镇全部单位就业人员月平均工资标准确定工伤职工本人工资"。人民法院以 2020 年度四川省城镇全部单位就业人员平均工资为标准，支持了王某的一次性伤残补助金的请求。

5.3.3 农民工劳动关系认定案件的裁判规则与启示

从以上六个案例可以看到，用工形态相对复杂，存在挂靠、分包、劳务派遣、委托、外包等情况。这在一定程度上，增加了劳动关系认定的难度，也导致了同案不同判的情况出现。但是“万变不离其宗”，通过对两类案件收集，将相关样本整理、分析，可以梳理出人民法院的裁判思路，从而为农民工的权益保护建言献策提供客观的材料和依据。

在认定事实劳动关系中，“从属性”被人民法院作为一个重要的标准。从属性包括人身从属性与经济上的从属性。“从属性”是一个模糊概念。为提高可操作性，劳动和社会保障部的《关于确立劳动关系有关事项的通知》（劳社部发〔2005〕12号）中要求，认定事实劳动关系主要从三个方面来看：一是用人单位和劳动者符合法律法规规定的主体资格；二是用人单位依法制定的各项规章制度适用于劳动者；三是劳动者受用人单位的劳动管理，从事用人单位安排的有报酬的劳动。从案件的分析可以看到，人民法院几乎无一例外地依照这三个标准来作出裁判。

围绕以上三个原则，人民法院在人身从属性上主要的判断标准是：提供劳务者是否接受劳务接受者的管理与工作指派，是否接受后者的规章制度约束。人民法院在经济从属性上的判断标准是：劳务接受者是否为提供劳务者发放报酬；该报酬的性质是否为工资；工资标准由谁来制定，工资由谁发放；发放的时间是否具有持续性、稳定性。

对于通过他人介绍而在某个岗位工作的劳动者，以下要素影响了劳动关系是否成立：如果介绍人只是工作岗位信息的提供者，劳务提供者与介绍人之间不存在劳动关系，如果介绍人分配工作任务，发放工资，劳务提供者与介绍人之间是劳务关系；如果介绍人接受具有用工主体资格的单位委托、指派而分配工作任务，具有用工主体资格的单位与劳务提供者之间可能被认定为存在劳动关系。

5.3.4　农民工工伤赔偿案件的启示

两例工伤赔偿案件带来的启发是：劳动者受伤后应及时想到依靠法律手段，通过法律程序维护其合法权益。比如，在 S 省 J 建设工程有限公司与黄某的劳动争议案中，尽管该案件不符合劳动关系的要件，进而不符合工伤标准的基本条件。但当事人首先想到的是走法律程序，提请了劳动关系的仲裁申请，避免了与责任人协商和被“踢皮球”的尴尬局面。面对仲裁机构作出的“具有劳务关系”和“承担用工主体责任”的仲裁结果，迫使用工单位进行起诉，进而在一审、二审中，由用工单位举证，进而依法把劳务关系责任的承担者确认下来。在一审和二审中，用工单位虽然试图摆脱其与伤者的劳动关系、工伤关系，但他举证证明并厘清了该案的劳务关系的脉络和事实，进而为伤者以劳务关系获赔扫清了障碍。

我国劳动法的社会属性、人本属性、强制属性日益凸显，劳动者的权益保护正在日益不断完善，作为劳动者权益保护法的实质地位正在日渐明确。相关法律、规章、政策体现了人文关怀，充分考虑和维护弱势群体的劳动权益。[1] 党的十八大以来，中国特色社会主义法治体系不断健全，法治中国建设迈出坚实步伐。十多年来，我国的法治建设不断迈向新的高度。我们有理由、有信心更加坚定地树立法治信仰，提升法治信心，坚信依法行政、公正司法。

5.4　小结

S 省 N 市 2014—2018 年的 232 件工伤赔偿案件，是这一时间段西部农民工进行工伤维权的缩影与真实写照。从统计情况来看，不管是劳动者胜诉案件的

---

[1] 侯志强. 论《劳动法》名称的时代转向[J]. 中南法律评论,2021(00):12-21.

数量还是胜诉率都呈逐年上升的趋势。这表明，其一，劳动者的法律意识增强了，当其权利受到侵犯时更倾向于使用诉讼的手段寻求救济；其二，对于那些案件事实清楚，权利义务关系明确的案件，烦琐工伤赔偿程序成为用人单位拖延给付工伤保险待遇的手段，也成为工伤者维权过程的“门槛”。

从2019—2022年的案例梳理来看，由于事实劳动关系、挂靠等因素的仍然存在，使劳动关系的认定成为工伤维权中的主要障碍之一。

在认定劳动关系是否成立的过程中，“从属性”是人民法院审查的重点，也是庭审中最常见的争议焦点，厘清人民法院的裁判思路，有利于提升维权能力。其中，提供劳务者服从劳务接受者的管理与工作指派，接受后者的规章制度约束，发放的报酬性质为工资，工资标准由谁来制定，工资由谁发放，发放的时间是否具有持续性、稳定性，这些要素都是人民法院在认定劳动关系是否成立中需要审核考量的。

农民工工伤赔偿的案件的启示是：劳动者应及时采取法律手段，通过法律程序维护其合法权益，可以避免被相关责任人推诿的尴尬局面。通过仲裁或诉讼，通过“倒逼”相关责任人员，让相关责任人员承担举证责任，将相关法律事实固定下来，为最终获赔提供可能。因此，通过诉讼进行工伤维权是明智的选择。

第6章　民法典之生命权、健康权下的农民工权益保障再审视

对劳动者生命权与健康权的保障，是经济社会发展的基础条件，是民族昌盛和国家富强的重要标志，也是广大人民群众的共同追求。[1] 从近十年来农民工通过诉讼维权的案例分析可以发现，农民工胜诉率提高了，维权意识增强了。这是国家与政府不懈努力的结果。即便如此，现实中仍然存在用工不够规范，农民工合法权益受到侵犯的个别现象。农民工工伤维权问题不仅是劳动保障的范畴，也是保障农民工生命权与健康权的应有之义。国家和政府在不断完善工伤预防、工伤保险、工伤康复“三位一体”的工伤保障体系，体现了国家和政府保护农民工生命权、健康权的坚定决心，更是“人民至上、生命至上”，中国共产党执政为民理念的最好诠释。

6.1　生命权、健康权是人的最基本的权利

生命权是人的最基本的权利。在人的基本权利中，生命权是最重要、最基本，也是最关键的权利，是人享有并行使其他权利的基础。[2] 生命权是人格权存

---

[1] 席悦. 健康权视域下环境污染刑事治理中的价值多重及其优化[J]. 环境保护，2022，50(9)：52.

[2] 谢雄伟，江伟松. 我国生命权制度的构建及其立法完善[J]. 武汉大学学报，2011(1)：42.

在的价值基础[1]，1986年《中华人民共和国民法通则》（以下简称《民法通则》)第98条规定了，“公民享有生命健康权”。《民法通则》一经公布、实施，学界对生命健康权的内涵的争议一直存在。《民法典》对生命权的内涵作了较为详尽的诠释。第1002条规定：“自然人享有生命权。自然人的生命安全和生命尊严受法律保护。任何组织或者个人不得侵害他人的生命权。”强调了对生命安全与生命尊严的维护。[2]

生命权是人们对自己的生命安全所享有的权利，任何组织、团体和个人均不得非法剥夺、也不得威胁他人的生命安全。[3] 生命权的内容包括：生命延续的权利、维护生命安全的权利、自由支配生命利益的权利。在劳动关系中，维护生命安全的权利至关重要。它指，当出现对人的生命构成危险的场景时，当环境对生命构成危险时，但该危险未发生，生命权人有权要求改变环境，消除危险。[4]

健康权是一项公民以其机体生理机能正常运作与功能正常发挥作用，维持人体生命活动的利益为内容的人格权。[5] 健康权的内容包括：健康权的权利内容能够更好地实现、保护健康维持权、健康利益支配权、劳动能力保持权。[6] 维持良好的健康状态是自然人进行日常生产、生活的基础，在没有正当理由的情况下，他人不得干涉或阻挠。在健康状况受损的情况下寻求医治，医疗机构不得拒绝。而健康利益支配权是自然人获得健康体魄的前提，是获得良好生存条件的基本要求，权利人有权拒绝他人安排的可能对健康产生损害的生产活动。虽

---

[1] 谢雄伟，江伟松. 我国生命权制度的构建及其立法完善[J]. 武汉大学学报，2011(1)：40.

[2] 杨立新. 从生命健康权到生命权、身体权、健康权：《民法典》对物质性人格权规定的规范创新[J]. 扬州大学学报(人文社会科学版)，2020，24(3)：28.

[3] 谢雄伟，江伟松. 我国生命权制度的构建及其立法完善[J]. 武汉大学学报，2011(1)：40.

[4] 江平. 民法各论[M]. 北京：中国法制出版社，2009：257.

[5] 杨立新. 人格权专论[M]. 北京：高等教育出版社，2005：156.

[6] 刘凯湘. 民法总论[M]. 北京：北京大学出版社，2011：143-144.

然部分学者将劳动能力视为独立于健康权的人格权，但公民具有劳动能力是健康权的一个重要标志已被学术界公认。[1]

放眼全球，生命权、健康权被诸多国际条约、区域性公约所规定、承认，比如，《经济、社会及文化权利国际公约》将健康权确定为“人人享有的可能达到的最高标准的身体健康和精神健康的权利”。

《民法典》第四编为人格权编，第 990 条规定了民事主体享有生命权、健康权等权利。这一规定回应了对公民生命权、健康权保护的现实需求，将劳动保护制度中未能覆盖的劳动者生命利益、健康利益从民法的视角进行保护，对传统劳动保护制度进行了补强[2]，对劳动者尤其是农民工的劳动保障提供了民法层面的依据。

6.2　生命权、健康权是农民工的固有权利

保障农民工生命权、健康权是推进我国“三农”事业发展的重要举措，也是落实“让农民工有保障，有盼头”的具体举措。生命权、健康权，人人有资格平等普遍地享有。《民法典》第 14 条规定：“自然人的民事权利能力一律平等。”农民工是社会的一分子，同其他社会群体平等地享有健康权。推进农民工的生命权、健康权保障工作，是落实《民法典》民事权利能力平等的重要保障。

保障农民工生命权、健康权是社会和谐与稳定的需要。2015 年李克强总理在《政府工作报告》中提到“加强民生保障，处理好改革发展稳定关系，全面推进社会主义经济建设、政治建设、文化建设、社会建设、生态文明建设，促进经济平稳健康发展和社会和谐稳定”。2020 年以来，习近平总书记在多次重要讲话中强调“人民至上、生命至上”。到 2021 年，我国农民工人数已经达到

---

[1] 焦洪昌. 论作为基本权利的健康权[J]. 中国政法大学学报,2010(1):18-19.

[2] 张政廉,岑娥. 民法典视域下我国劳动者的健康权保护[J]. 工会理论研究,2021(1):26.

2.92亿人。[1] 这一庞大群体的生命权、健康权值得关注。不仅关涉经济发展，也关系社会和谐，对农民工生命权、健康权的有效保障，有利于增强农民工获得感、幸福感、安全感。

保障农民工生命权、健康权是推进城镇化进程的重要举措。我国城镇化进程不断加快，大量的城市基础设施建设和企业项目建设，对劳动力产生迫切需求，也促进了农民工的产生。[2] 对农民工的合法权益的保障越完善，越能同农民工进城意愿同频共振。2022年7月，为深入贯彻《中华人民共和国国民经济和社会发展第十四个五年规划和2035年远景目标纲要》和《国家新型城镇化规划（2021—2035年）》，国家发展和改革委员会制定了《“十四五”新型城镇化实施方案》，明确了“十四五”时期深入推进以人为核心的新型城镇化战略的目标任务和政策举措，在第3条（十一）项中，特别提到了强化农民工劳动权益保障。包括对强化劳务派遣用工监管，建立新就业形态劳动者劳动权益保障机制等。引导法律援助机构为农民工提供支付劳动报酬、给予社保待遇、工伤赔偿等法律援助服务。

6.3 生命权、健康权的保障与农民工工伤维权

6.3.1 政府对农民工生命权、健康权的保障

政府对农民工生命权、健康权高度重视，为确保农民工劳动权益得到有效保障，近年来，政府在工伤保险扩面、工伤保险待遇调整、赔偿项目计赔标准细化、工伤认定程序简化等方面多措并举、多方着力，为农民工提供了全方位、

[1] 国家统计局. 2021年农民工监测调查报告[EB/OL].（2022-04-29）]2022-07-28]. http://www.stats.gov.cn/xxgk/sjfb/zxfb2020/202204/t20220429_1830139.html.

[2] 谢平，黄亚丽，刘飞. 乡村振兴背景下农民工回引的现实意义、问题及有效对策：以四川省自贡市为例[J]. 现代农业研究，2021，27（9）：73.

多层次的劳动权益保障体系。

6.3.1.1　政府以高度的政治站位重视农民工生命权、健康权

生命权、健康权是公民基本权利之一，政府高度重视农民工的生命权、健康权的维护和保障。

2021 年 1 月，人力资源和社会保障部等八部门联合印发关于《工伤预防五年行动计划（2021—2025 年）》的通知，（人社部发〔2020〕90 号）明确了牢固树立预防优先的工作理念，强调了始终把人民群众生命安全和身体健康放在第一位，把减少事故伤害和职业病危害作为工伤预防的根本出发点和落脚点，从源头上防止工伤事故发生，切实保障劳动者的生命安全和身体健康。

2021 年 4 月 29 日《中华人民共和国乡村振兴促进法》通过，该法充分体现了国家和政府对农民、农民工健康权和生命权的高度重视和有力保障。相关内容包括了：促进医疗资源在城乡的统筹，完善城乡统筹的社会保障的制度，保障农民工社会权益等。比如，第 53 条提到，国家促进“医疗卫生、社会保障等资源向农村倾斜”。加大推进农村医疗卫生等事业发展，加强农村社会保障体系建设。又如，第 54 条强调，国家“建立健全保障机制，支持乡村提高社会保障管理服务水平”。国家支持农民按照规定参加基本医疗保险，“鼓励具备条件的灵活就业人员和农业产业化从业人员参加职工基本养老保险、职工基本医疗保险等社会保险”。再如，第 57 条特别提到了依法保障农民工的社会保障权益。

6.3.1.2　政府深谋远虑推进工伤预防工作

国家和政府重视农民工生命权、健康权的保障，体现在对工伤预防的重视。“防重于治”，工伤预防能够减少工伤发生概率，平衡工伤保险基金支出结构。一方面，政府对企业安全生产严格监管，另一方面，政府重视农民工的健康防护与安全保障。

我国《安全生产法》于 2002 年通过，时至今日已经 20 年，其间经过了三

次修订。最近的一次修订是在2021年6月。这次的修订专门将“以人为本，坚持人民至上、生命至上，把保护人民生命安全摆在首位”纳入其中，强调了应强化和落实生产经营单位主体责任与政府监管责任。提出了生产经营单位负责、职工参与、政府监管、行业自律和社会监督的安全生产机制。此次修订强化了地方政府的安全监管责任。即县级以上地方各级人民政府负有安全生产监督管理职责的部门，应将重大事故隐患纳入相关信息系统，建立健全重大事故隐患治理督办制度，督促生产经营单位消除重大事故隐患。

作为工伤预防的配套措施，2021年，人力资源和社会保障部等八部门联合印发关于《工伤预防五年行动计划（2021—2025年）》的通知。要求建立完善工伤预防联防联控机制：一是，该通知要求各地建立联席会议制度。所涉及的部门包括人力资源和社会保障部门、应急管理部门、卫生健康部门、工会和行业主管部门。二是，通知还要求建立完善信息交换、数据共享机制。通过人员、事故、职业病等信息和涉及安全生产事故等相关数据共享，及时排除安全隐患。实现运用法律、行政、经济手段的综合治理。三是，确立了对有代表性或典型性的工伤事故的通报制度，以起到警示教育作用。四是，搭建在线培训平台，加强对工伤预防工作的指导和服务。供地方有关部门、大中型企业等依法自主选用。五是，切实加强对工伤预防工作的考核监督。将工伤预防工作开展情况纳入对省级政府安全生产目标责任考核内容，促进提高工伤预防工作的实效。

6.3.1.3 政府完善立法、严格执法，推动工伤保险的扩面

政府重视对劳动者的保障，工伤保险是有效化解用人单位和劳动者经济风险的社会共济措施，政府通过多维度为劳动者筑起工伤保障的安全网。

从立法层面来看，我国《工伤保险条例》规定，“用人单位依照本条例规定应当参加工伤保险而未参加的，由社会保险行政部门责令限期参加，补缴应当缴纳的工伤保险费，并自欠缴之日起，按日加收万分之五的滞纳金；逾期仍不缴纳的，处欠缴数额1倍以上3倍以下的罚款”。相关处罚规定对违法行为形

成了有效威慑。

依据《工伤保险条例》，各地根据地方实际情况，出台了相应的工伤保险扩面政策。比如，针对四川地区建筑领域人员多，流动大，劳动关系不稳定的特点，2020 年四川省出台了《四川省工伤保险条例》，第 4 条第 2 款规定，“工程建设领域的用人单位应当将依法参加工伤保险作为保证工程施工安全的具体措施”。第 3 款规定，“不能按照用人单位参加工伤保险的工程建设项目，按照国家和省有关规定以建设项目参加工伤保险”。这是一种新型的参保模式，即按照工程项目参保。按照项目工程总造价的一定比例计算缴纳工伤保险费是这种参保方式的特色之一。以建设项目参加工伤保险后，保险范围覆盖项目使用的所有员工，包括专业承包单位、劳务分包单位使用的农民工，建筑公路、水运、水利等工程建设项目，均可按建设项目参加工伤保险[1]，有效地实现了工伤保险的扩面。

在行政执法层面，劳动监察部门加强巡查，严格执法，推进工伤保险扩面。在司法层面，为了确保法律、法规进一步落到实处，行政力量与司法力量联手协作，形成合力。2022 年 5 月 16 日，最高人民检察院发布了 5 件“检察为民办实事”——行政检察与民同行系列典型案例（第五批）。其中一例案件是湖北省某市检察机关办理的工伤类行政诉讼监督案件。在办案中，人力资源和社会保障部门作为工伤保险费征缴监管机关，未及时督促用人单位为员工办理工伤保险，市检察院向市人社局发出检察建议：人社局加强社会保险费征缴监管力度，在做好参保单位续保的情况下，重点加强对民营企业、小微企业的监管力度，推进全员参保。市人社局收到检察建议后，会同医保部门和税务部门在全市范围内开展“清查小微企业缴纳保险情况”专项监督，又会同市场监督管理

---

[1] 四川省人力资源和社会保障厅.《四川省工伤保险条例》明确了工程建设领域可以按建设项目参加工伤保险，按建设项目参保指的是什么呢？[EB/OL].（2020-09-21）[2022-07-29]. http://rst.sc.gov.cn/rst/qs12333gz/2020/9/21/7eedfb9357da4436b19720cefb202e23.shtml.

局优化社保登记制度，与检察机关积极会商，针对工伤行政争议建立定期协商、协作共治机制。[1]

6.3.1.4 细化工伤保险赔偿项目计发标准

政府对农民工健康权、生命权的重视不仅体现在生产环节，还体现在各个细节中。对工伤保险待遇的调整，对工伤保险赔偿项目计发标准的细化，更具科学性、灵活性、可操作性的工伤保险制度，体现了我国不断完善工伤保险制度的努力和成果，是国家和政府切实将“人民至上、生命至上”落到实处的有力证明。

为了使工伤保险待遇同经济发展水平相适应。2017 年 7 月，人力资源和社会保障部发布了《关于工伤保险待遇调整和确定机制的指导意见》（人社部发〔2017〕58 号），按照基金省级统筹要求，适度、稳步提升，既要实现待遇平衡，又兼顾不同地区待遇差别，原则上每两年至少调整一次。该意见充分考虑了综合考虑职工工资增长、居民消费价格指数变化、工伤保险基金支付能力、相关社会保障待遇调整情况等因素。

《关于工伤保险待遇调整和确定机制的指导意见》充分体现了国家和政府对健康权的尊重，对生命的敬畏。重点调整的项目有两个——伤残津贴、供养亲属抚恤金。意见要求，对伤残程度高、伤残津贴低于平均水平的工伤职工予以适当倾斜。同时，供养亲属抚恤金调整应综合考虑职工平均工资增长和居民消费价格指数变化情况等。

在保障农民工生命权、健康权的过程中，通过细化工伤保险赔偿项目的计赔标准，彰显了以人为本的理念。2020 年 7 月 28 日，四川省人力资源和社会保障厅、四川省财政厅、国家税务总局四川省税务局联合发布了《四川省工伤保

---

[1] 北大法宝. 最高人民检察院发布 5 件“检察为民办实事”：行政检察与民同行系列典型案例(第五批)[EB/OL]. (2022-05-16)[2022-07-28]. https://www.pkulaw.com/pal/a3ecfd5d734f711d81e8d0a4f8db1064d2993b65d4c2191ebdfb.html? way=listView.

险基金省级统筹实施办法》（川人社发〔2020〕22 号），该办法统一了待遇计发标准，明确了住院伙食补助、工伤职工异地就医交通、食宿费标准。这对减少工伤保险待遇谈判成本，提高谈判效率，缩短工伤获赔时间，起到了积极的指引作用。因为有法可依，有据可循，即使是农民工自己与用人单位谈判，也能在一定程度上提高其谈判的成功率与获赔金额。该办法简单、明了，具有很强的操作性。比如，该办法统一了全省工伤职工的住院伙食补助费标准：按实际住院天数计算，每天 30 元。工伤职工异地就医交通、食宿费标准是，城市间往返的交通费按长途公共汽车、火车硬席、高铁（动车）二等席、轮船三等舱标准，凭有效票据报销 1 次，超过规定标准的费用部分自理；途中伙食费包干标准为每天 60 元（与住院伙食补助不重复享受）；住宿费在每天 300 元限额内据实报销。食宿费报销的最长天数不超过 3 天。

6.3.1.5 简化工伤赔偿程序，切实落实“人民至上，生命至上”的理念

（1）针对工伤认定与劳动能力鉴定耗时长、环节多，程序烦琐的情况，人力资源和社会保障部提出了简化工伤认定与劳动能力鉴定程序的建议与措施。

2018 年 9 月，人力资源和社会保障部办公厅印发了《关于推进工伤认定和劳动能力鉴定便民化服务工作的通知》，该通知的出台对于防范与化解矛盾，构建和谐社会，起到了重要的推动作用。同时，该通知的出台对提高工伤认定与劳动能力鉴定的效率，实现程序的简化。对劳动者尤其是农民工的生命权、健康权保障起到了重要支撑作用。具体措施体现在：从 2019 年开始，劳动者在地市就可以完成工伤认定和劳动能力的首次鉴定；从 2019 年开始，劳动者可以一次性将工伤认定和劳动能力鉴定受理事项“一站式”办理；简化材料提交的环节和程序，通过办事机构内部信息共享平台，获取已经提交了资料，减轻用人单位与工伤者的负累；探索“就近原则”，方便异地工伤认定与劳动能力鉴定，使用人单位与工伤职工减少舟车劳顿，实现“少花钱，少跑路”。

（2）根据人力资源和社会保障办公厅印发的《关于推进工伤认定和劳动能力鉴定便民化服务工作的通知》为指导思想，各地出台了实施细则。

2020年7月28日，四川省人力资源和社会保障厅、四川省财政厅、国家税务总局四川省税务局联合发布了《四川省工伤保险基金省级统筹实施办法》（川人社发〔2020〕22号）对参保对象、统一工伤认定和劳动能力鉴定办法、统一待遇计发标准和调整办法等方面做出了具体的工作部署与要求。该办法要求，依托全省统一的社会保险信息系统，推进统一提供工伤认定、劳动能力鉴定申报、参保权益信息查询、经办管理等网上服务。实现全省工伤保险经办管理标准化、规范化、信息化、统一化。纵向的层面，加强省、市、县三级管理部门信息的纵向互联；横向的层面，推进与银行、医疗和康复等机构的横向互通。各级管理部门与各职能部门信息共享。减少了信息不对称的情况，从之前的“多部门跑路”到现有的“一站式服务”，极大提高了工伤保险偿付的效率。

6.3.1.6 积极回应社会关切，为新就业模式下的农民工生命权，健康权保驾护航

各级政府时刻关注民生、积极回应社会关切，以实际行动践行了“人民至上、生命至上”，关注维护新就业形态下劳动者劳动保障权益。平台经济迅速发展，新就业形态劳动者数量大幅增加。为了应对维护劳动者权益保障中面临的新情况新问题，人力资源和社会保障部联合国家发展改革委、全国总工会等部门联合下发了《关于维护新就业形态劳动者劳动保障权益的指导意见》（人社部发〔2021〕56号）。在工伤预防与工伤补偿两个层面，该指导意见提出了具体的要求：一是，完善休息制度，督促企业按规定合理确定休息办法，在法定节假日支付高于正常工作时间劳动报酬的合理报酬。二是，通过强化职业伤害保障，采取政府主导、信息化引领和社会力量承办相结合的方式，建立健全职业伤害保障管理服务规范和运行机制。鼓励平台企业通过购买人身意外、雇主责任等商业保险，提升平台灵活就业人员保障水平。

又如，2021 年 7 月，国家市场监管总局以网监司的名义正式发布七部委《关于落实网络餐饮平台责任切实维护外卖送餐员权益的指导意见》（国市监网监发〔2021〕38 号），明确对保障外卖送餐员正当权益提出全方位要求。

6.3.2　企业对农民工生命权、健康权的保障

6.3.2.1　企业应依法为农民工购买工伤保险

从法律保障来看，工伤保险是农民工在发生工伤后的基本保障，也是农民工工伤赔偿困境形成的症结。我国社会保障法律体系日趋完善，《工伤保险条例》明确要求企业为劳动者购买工伤保险，并制定了严格的处罚措施。《安全生产法》要求生产经营单位必须依法参加工伤保险，为从业人员缴纳保险费。并规定国家鼓励生产经营单位投保安全生产责任保险。此外，执法、司法从多个维度为农民工生命权、健康权保驾护航。

6.3.2.2　企业应依规加强工伤预防宣传

从工伤前的防护来看，企业加强对农民工的工伤预防宣传是有效预防农民工发生工伤的方法之一。2020 年 12 月 18 日，人力资源和社会保障部等八部门联合印发《工伤预防五年行动计划（2021—2025 年）》，要求全面加强工伤预防宣传，深入推进工伤预防培训。企业也越来越重视工伤预防的宣传工作，认识到充分有效履行工作内容与环境告知义务的重要性，保障农民工对工作内容、工作环境的知情权，对于工作中的有毒有害物质的知情权。这样一来，农民工对于工作中有毒有害物质可能带来的身体损害、所需的防护措施、中毒或职业病发生后的救治方法有了清楚的认知、掌握，大大提高了工伤预防的效率。

6.3.2.3　企业应对法律存有敬畏之心

企业应对生命存敬畏之心，对法律存敬畏之心。法律有牙齿，司法有权威。对于支付工伤赔偿款的判决，相关义务主体拒绝支付的，可能触犯拒不执行判

决、裁定罪。《中华人民共和国刑法》第313条规定，“对人民法院的判决、裁定有能力执行而拒不执行，情节严重的，处三年以下有期徒刑、拘役或者罚金；情节特别严重的，处三年以上七年以下有期徒刑，并处罚金。单位犯前款罪的，对单位判处罚金，并对其直接负责的主管人员和其他直接责任人员，依照前款的规定处罚”。2021年7月20日，江苏南通市中级人民法院发布了打击“拒执罪”十大典型案例。[1] 其中一例是，王某为防止薛某某家属起诉索赔工伤，与何某某签订虚假的财产转让协议书，并指使陈某某银行转账。人民法院经审理认为，王某某、陈某某、何某某三人均被认定为拒不执行判决、裁定罪，三人受到了不同程度的刑事处罚。

即使未受到刑事处罚，如果拒不执行生效的法律判决、裁定的，仍将对义务履行人带来多重不利影响。根据《最高人民法院关于公布失信被执行人名单信息的若干规定》，①被执行人未履行生效法律文书确定的义务，且以隐匿、转移财产等方法规避执行，人民法院应当将其纳入失信被执行人名单，将在政府采购、招标投标、行政审批、政府扶持、融资信贷、市场准入、资质认定等方面对失信被执行人予以信用惩戒。②各级人民法院应当将失信被执行人名单信息录入最高人民法院失信被执行人名单库，并通过该名单库统一向社会公布。③对纳入失信被执行人名单的被执行人采取限制消费措施。如乘坐飞机、G字头动车、子女就读高收费私立学校等。如违反以上义务情节严重的，将被拘留、罚款或承担刑事责任。

可见，企业加强对农民工的生命权、健康权的重视，农民工因为没有工伤保险而采取形式多样的维权行动的状况将得到改变；企业将农民工生命权、健康权置于企业经济利益之上，企业的工伤防护将会加强，农民工工伤事故率将

[1] 北大法宝. 南通市中级人民法院发布打击“拒执罪”十大典型案例之十：王某某等三人虚假转让公司资产、不履行工伤赔偿犯拒不执行判决、裁定罪案[EB/OL]. (2021-07-20)[2022-07-28]. https://www.pkulaw.com/pfnl/c05aeed05a57db0af0a44c53ad06d18bf7120148752f15f2bdfb.html? keyword=

会降低，农民工工伤维权案件将会大大减少；企业珍视农民工生命权、健康权，农民工工伤维权效力将会大大提高，农民工多元化的维权路径可能将得到改变。

6.3.3　农民工自身生命权、健康权保护对策与建议

农民工自身是工伤事故源头治理的首要一环。在保护其合法权益的过程中，农民工是最直接和最大的受益者，更是最直接的当事人。如果只有相关政府部门单方面的努力，农民工在自我权利的维护上不积极主动，相关法律制度也无法取得预期效果。因此，农民工应当学法、知法、懂法，签好劳动合同；遵守劳动纪律，服从用人单位管理；加强自我防范，减少和预防工伤。易言之，只有农民工提高事故防范意识、法律意识、维权意识，相关部门的立法与执法活动才能取得更好的效果。

6.3.3.1　及时签订劳动合同

农民工在入职前应当学习理解《劳动法》《劳动合同法》及《工伤保险条例》等相关法律、法规的具体规定。入职后应及时与用人单位签订劳动合同，并注意以下几点：首先，应明确签订时间。用人单位应当在自用工之日起 1 个月以内和劳动者订立书面劳动合同、办理社会保险登记备案手续。其次，应明确与自己签订劳动合同的主体。应当与依法成立的，具备用工主体的单位签订劳动合同。介绍人、项目经理、包工头等都不具备用工主体资格，也不具备签订劳动合同的资格。再次，应明确合同双方主体的信息。包括农民工的姓名、性别、出生年月、身份证号码等；用人单位的名称、营业地、法定代表人姓名，并可将农民工和用人单位营业执照复印件作为合同的附件。最后，农民工应明确双方的权利义务内容。可以参考农民工劳动合同示范文本。比如，四川省人力资源和社会保障厅就印发了《农民工劳动合同（示范文本）》，如果因为各种原因不能参照示范文本，应在合同中明确工作内容、劳动条件、劳动保护、

社会保险尤其是工伤保险的购买。此外，还应注意劳动合同应由农民工本人签字，并至少留存一份原件。

6.3.3.2 提高自我防范意识，预防工伤事故

加强职业健康与安全教育的自我学习，提高农民工的自我防范意识和防范能力，是减少和防止工伤发生的关键。不论是上岗前还是工作中，应自觉接受用人单位有关工伤预防的宣传教育和培训，充分熟悉企业的管理规定、操作流程、工艺流程等以了解工作中的风险[1]，降低意外发生的可能，在进行一些危险系数较大的工作时，掌握自救、互救方法。[2]

6.3.3.3 遵守劳动纪律，服从用人单位管理

农民工应遵守劳动纪律、服从用人单位的管理。根据《劳动法》第3条第二款的规定，劳动者应当“执行劳动安全卫生规程，遵守劳动纪律和职业道德”。第25条第（二）项规定，劳动者严重违反劳动纪律或者用人单位规章制度的，用人单位可以解除劳动合同。遵守劳动纪律不仅是法定义务，更是农民工从源头减少事故发生，保护自己的有效手段。

6.3.3.4 对企业违反安全生产的行为，及时举报

对于用人单位违反安全生产规范，强令农民工冒险作业等行为，应当严词拒绝并及时举报。《劳动合同法》第32条规定：“劳动者拒绝用人单位管理人员违章指挥、强令冒险作业的，不视为违反劳动合同。劳动者对危害生命安全和身体健康的劳动条件，有权对用人单位提出批评、检举和控告。”

---

[1] 宋智慧. 保障劳动者职业健康权益刻不容缓：解读《国家职业病防治规划（2016-2020年）》[J]. 湖南安全与防灾，2017(3)：27-29.

[2] 李善玲，郝俊信. 煤炭企业如何强化职业健康监督，保障劳动者健康权益[J]. 内蒙古煤炭经济，2021(3)：68-69.

6.4　小结

农民工工伤维权问题不仅是劳动保障的范畴，也是生命权与健康权所涵射的内容。保障农民工生命权、健康权是推进我国“三农”事业发展的重要举措，是实现乡村振兴的重要一环，是社会和谐与稳定的需要，更是我国推进城镇化进程的重要举措。

对农民工生命权、健康权的保障需要政府、企业、农民工三方共同努力，形成合力，方能实现立法与执法的预期目的。国家和政府高度重视农民工的各项权益保障。在工伤保险扩面、工伤保险待遇调整、赔偿项目计赔标准细化、工伤认定程序简化等方面多措并举、多方着力，为农民工提供了全方位、多层次的劳动权益保障体系。即便如此，现实中仍存在侵犯农民工合法权益的个别现象。其根本原因，个别企业对农民工生命权、健康权不够重视，这是农民工发生工伤发生的原因之一，也是农民工工伤赔偿困境形成的症结。

农民工自身是工伤事故源头治理的首要一环。在保护其生命权、健康权的过程中，农民工是最直接和最大的受益者，更是最直接的当事人。农民工在自我权利的维护上应积极、主动，相关法律制度才能取得预期效果。除了学好、用好法律，签好劳动合同，农民工还应遵守劳动纪律、学习劳动防护知识，服从用人单位的管理。对于用人单位违反安全生产规范，强令冒险作业等行为，应及时举报、控告。

第7章　完善农民工工伤权益保障机制

农民工工伤维权困难由多重不利原因导致，工伤维权的成功又由多重有利因素推动。破解农民工工伤维权难的困局，一方面应当消除那些不利因素。另一方面，使有利因素稳定地出现，且农民工能够方便地获得，并能有效地发挥作用。通过前文的分析可以看到，监督力度持续增强是农民工发生工伤后得到有效保障的重要措施，将相关工作做在前头是农民工生命健康得到有效保障的前提。在现有工作的基础之上，应当将工伤保险的保障同预防、康复并重，应当从这三个方面着力，除此之外，通过将那些推动农民工有效维权的因素制度化、常态化，是实现农民工工伤权益保障的必经之路。

7.1　完善“三位一体”的工伤保险制度

工伤保险包含工伤预防、工伤保险、工伤康复三个层面的内容，从这三个方面入手，完善“三位一体”的工伤保险制度，是解决农民工工伤赔偿问题的有效手段。

7.1.1　完善工伤预防工作

7.1.1.1　工伤预防工作的立法与实践现状

（1）我国工伤预防的立法现状。

一直以来，我国重视安全生产与工伤预防，2002 年 6 月 29 日，《安全生产法》正式通过，经历了 2009 年、2014 年、2020 年三次修正，我国《安全生产法》日臻完善。新修订的《安全生产法》突出问题导向，一方面，强调在监管机构常态化的执法行为中，对企业的违法行为做到有责必究。另一方面，以落实安全生产法规为目的，以行政命令与行政处罚为手段，根据违法行为的可责难程度，监管行为的社会危害性，结合对人民生命、财产的重要性与紧迫性等因素考量，形成一套对违法行为纠正、教育、处罚相衔接的，“罚当其罪”安全生产行政处理体系。[1]

新修订的《安全生产法》还强化了生产经营单位主体责任和政府监管责任，为促进安全生产形势持续稳定好转提供了强有力的法律保障。[2] 这两种责任是安全生产的“一体两面”。企业的安全生产责任是内因，是基础和根本。政府的监管责任是外因，是保障。从生产经营单位的责任来看：压实了生产经营单位的主要负责人的安全生产责任；提高了各类违法行为的罚款额度；新增了拒不改正违反安全生产行为的“按日处罚”条款。修改后的《安全生产法》在已有罚款规定的基础上，提高了对各类违法行为的罚款数额，并新设“按日连续处罚”制度。同时对严重违法生产经营单位负责人实施职业禁入。

（2）工伤预防工作的实践现状。

近年来，我国有计划、有步骤地推进工伤预防工作，取得了一定成效。全

---

[1] 代海军. 行政命令与行政处罚的事实错位及逻辑矫正：以安全生产为视角[J]. 行政法论丛，2021，27(1)：169.

[2] 代海军. 民法典时代安全生产法的定位与回应[J]. 中国安全生产，2020，15(8)：49.

社会工伤保险政策知晓率大幅提高，企业与员工工伤预防意识明显增强，针对工伤预防工作，各地创建了共建共治共享的工伤预防新格局，包括创建了“广东模式”“成都模式”。但是，一些地区对工伤预防工作的重视程度有待提高，工作技术或能力有待提高，与实现“以人为本”的工伤保险制度的目标之间的差距还需不断缩小。[1]

7.1.1.2 工伤预防工作的优化路径

（1）构建激励与约束相结合的工伤预防制度。

在工伤预防的监管层面，我国的法律制度日益完善，但是在工伤预防的激励层面，我国相关法律尚待完善。根据《安全生产法》第18条和第19条的规定，国家鼓励安全生产技术的研发与推广，对于改善安全生产条件、防止生产安全事故等取得显著成绩的单位和个人，给予奖励。对于由哪个机关奖励，如何奖励，《安全生产法》没有明确的指引。又如，根据《职业病防治法》第13条规定，对防治职业病成绩显著的单位和个人，给予奖励。但是对于奖励条件、申报程序、批准主体、奖励方式等，并未明确。2021年8月11日，国家卫生健康委员会对十三届全国人大四次会议第7866号建议的答复中，提到了“促进用人单位落实职业病防治主体责任予以奖励已在现行法律中有所体现”。但并未对具体的奖励办法等内容做进一步的说明。[2] 因此，建议出台相关奖励实施细则的同时，赋予推行政府奖励全流程信息公开制度，健全政府奖励行政确认程序，建立健全政府奖励相对人的异议复核程序，通过最大限度地保障相对人的程序性权利[3]，充分激活相关主体在工伤预防工作中的积极性和主动性。

（2）通过强化政府监管责任，将安全生产的排查、整治行为常态化、日常

[1] 刘辉霞. 工伤预防工作开展现状思考[J]. 劳动保护,2020(8):93-97.

[2] 国家卫生健康委员会对十三届全国人大四次会议第7866号建议的答复[EB/OL].(2021-08-11)[2022-07-28]. https://www.pkulaw.com/chl/4ffdd1877bf3aabcbdfb.html? keyword=国家卫生健康委员会对十三届全国人大四次会议第7866号建议的答复 & way=listView.

[3] 冉富强,曹振. 论政府奖励制度运行的法治逻辑[J]. 河南社会科学,2021,29(10):65-74.

化，切实将安全生产法落到实处。

“徒法不足以自行”，此次《安全生产法》的修订强化了政府监管责任。加强工伤预防，执法到位，是构建安全工作环境的重要手段。工伤预防、工伤赔偿、工伤康复共同构成了工伤保险制度。但工伤赔偿属于“事后救济”，其前提是农民工身体的伤残或死亡。做好工伤预防工作不仅可以减少医疗费用的支出，还能保全劳动力资源，节约行政资源与诉讼资源。全面推进工伤预防将带来帕累托改进。[1] 在执法中，应树牢安全发展的理念，弘扬生命至上、安全第一的思想。

7.1.2　与时俱进，完善工伤保险制度及配套措施

7.1.2.1　应继续完善工伤保险制度

（1）将企业履行购买工伤保险的义务与企业资质挂钩。

筛选部分高危企业，要求充分履行了工伤保险购买义务才能获得经营资质，能对企业购买工伤保险形成有效激励。2014 年人力资源和社会保障部、住房和城乡建设部、国家安全生产监督管理总局、全国总工会发布了《关于进一步做好建筑业工伤保险工作的意见》（人社部发〔2014〕103 号），根据该意见的要求，建设单位在办理施工许可手续时，应当提交建设项目工伤保险参保证明。换言之，如果未能提交参保证明，各地方政府和住房城乡建设主管部门不予核发施工许可证。从运行效果来看，在实施该意见后建筑行业的工伤保险覆盖率显著提高。在国外也有类似的规定，以加拿大为例，建筑行业取得运营资质的前提之一是购买工伤保险。“运营资质同工伤保险绑定”的方式可以减少政府对企业是否购买工伤保险进行监管的成本。同时，这一制度的推行能有效地防止工伤事故发生后伤者的“权力真空”，减小伤者维权难度。我国建筑行业、

[1] 高一飞，赵恒喆. 工伤预防激励法律制度研究[J]. 西南石油大学学报（社会科学版），2022，24（3）：61.

采矿业等行业既是工伤高发行业，也是农民工密集的行业。除了建筑行业、采矿业，还有交通运输业、电力维护业、危险品生产等高危行业，也可以考虑将相关运营资质同工伤保险的购买挂钩。

(2) 改革工伤保险制度，使其惠及零工劳动者。

互联网发展方兴未艾，以互联网为依托的就业方式蓬勃发展。其以平台化、去雇主化、灵活性的就业模式为主要特点，打破了传统就业模式，也对现有的工伤保险制度带来挑战。既要树牢“人民至上、生命至上”的理念，又要鼓励和发展新就业形态，促进灵活就业，工伤保险制度的改革与完善势在必行。相关部门应在充分调研的基础上，可以围绕以下方面进行改革：首先，简化程序，保障平台企业、从业人员高效便捷办理参保缴费，以适应从业人员的流动性；其次，保障从业人员在工伤认定、劳动能力鉴定、工伤保险待遇与工伤保险主体上保持一致。再次，调整部分与劳动关系挂钩的待遇项目，支付主体由用人单位转变为工伤保险基金。[1]

7.1.2.2 继续推动集体劳动合同的签订，实现工伤保险扩面

政府多部门通力合作推进农民工集体合同的订立，将工伤保险纳入集体合同之中。依据《劳动合同法》第51条的规定，作为强制性条款的工伤保险的购买，可以通过工会和用人单位协商订立，如果用人单位未建立工会，也可以由上级工会指导劳动者推举的代表同用人单位订立。2019年初，北京市快递协会与北京市快递行业工会联合会组织企业和职工代表，签订了全国首份快递行业的劳动保护专项集体合同——《北京市快递行业2019年度劳动保护专项集体合同》，包括了9条政策措施，惠及全市11万快递从业人员。其亮点有：首先，明确规定快递企业用工属于典型的劳动关系用工，要依法与劳动者订立劳动合同；其次，持续优化社保经办服务，在社保购买的层面，推行“网上社保”，

[1] 郑玄波.新发展阶段工伤保险的创新完善之道[J].中国社会保障,2022(5):22-23.

推行退休待遇支付“一窗办理”等，“重点推进快递行业工伤保险应保尽保”。最后，在工伤认定的层面，为快递从业人员开通了“工伤认定绿色通道”，对事实清楚、权利义务明确，当事双方无争议的工伤认定案件，优先处理，快认快结。[1]

实际操作来看，集体劳动合同订立常常需要多个部门联合推动。比如，西部的青海省以建设项目参保为重点，在工伤保险工作制度和工作机制、工伤认定和劳动能力鉴定，基础管理信息化建设等方面，加强政府部门间的合作、协调。[2] 强化府院联动。又比如，四川省广元市在推动劳动合同的签订中，集合了工商、人社部门的力量[3]，大大提高了农民工与用人单位劳动合同的签订率。通过集体合同的订立不仅可以减少农民工的交涉成本，更是对其谈判能力的补强。通过将工伤保险的购买纳入集体合同能够有效地为农民工保驾护航，从而促进社会和谐与稳定。

7.1.2.3　完善工伤保险先行支付制度

（1）完善追偿机制，确保工伤保险基金的安全性。

①细化社保经办机构追偿的内容和程序。根据《社会保险基金先行支付暂行办法》第 14 条的规定，社会保险经办机构向用人单位追偿工伤保险待遇发生的合理费用等，用人单位应当承担。但是，只有细化相关追偿的程序，行使追偿权的主体才能根据明确的指引，高效地行使追偿权。

②明确追偿权主体的地位与法律责任。社保经办机构工作人员属于参公管理的工作人员，在行使追偿权方面，主体资格不够明确，导致责任也不够清晰。

---

[1] 丁天. 北京为“快递小哥”开通工伤认定绿色通道[N/OL]. 新京报，2019-10-24[2022-07-28]. https://www.bjnews.com.cn/news/2019/10/24/640988.html? from=timeline & isappinstalled=0.

[2] 省人社厅以建设项目参保为重点全面推动各类用人单位参加工伤保险[EB/OL].（2018-03-19）[2019-06-07]. https://baijiahao.baidu.com/s? id=1595352701052825567 & wfr=spider & for=pc.

[3] 广元市人民政府 2021 年广元就业人员合同签订率大幅提升[EB/OL].（2022-01-25）[2022-03-03]. https://www.cngy.gov.cn/artic/show/20220125093837387.html.

责任明确了，自然就产生了追偿的压力和动力。[1]

③社保经办机构人手有限、束缚了追偿权的行使，即使发生社会保险基金先行支付，社会保险经办机构也难以启动追偿权。[2] 有必要在机构设置与人员配置等层面提升社保机构追偿能力。

④充实工伤保险基金。在我国的台湾地区，“以罚助养”对先行支付制度的执行有一定的借鉴意义。“以罚助养”是有效充实工伤保险基金的方式。我国台湾地区有针对职业灾害防护与劳动者保护的相关规范性文件，对未按规定购买工伤保险的雇主处以行政罚款，罚款被纳入专门账户，用于向劳动者支付补偿。[3] 这样做一方面对于那些不享受工伤保险的农民工可以通过先行支付制度的暂时实施，解决其经济困难，使工伤者得到精神抚慰，减少伤者对立悲观情绪。另一方面利用对违法者的罚款进行支付，可以避免先行支付制度之前被诟病的“守法者为违法者买单”的不合理性。

（2）可资借鉴的地方经验。

在先行支付的条件与追偿规则中的细化与明确上，广东省走在了全国的前列。2022年1月15日实施的《广东省工伤保险待遇审核支付有关问题的规定》中，对追偿工作进行了非常细致的安排。比如，追偿对象为第三人的社保经办机构，应当自启动追偿程序的10个工作日内，向第三人发出先行支付追偿通知，对发生法律效力由第三人履行的民事判决、裁定，但第三人拒绝履行的，可申请强制执行。对于追偿对象是用人单位的，用人单位账户余额少于应偿还数额的社保经办机构，可以要求用人单位在10日内提供担保，签订延期还款协议，对于未按时足额偿还且未提供担保的社保，经办机构于10个工作日内向人

---

[1] 林嘉.社会保险基金追偿权研究[J].法学评论,2018,36(1):94.

[2] 林嘉.社会保险基金追偿权研究[J].法学评论,2018,36(1):94.

[3] 于欣华,郑清风.海峡两岸工伤补偿先行支付法律制度比较:兼论大陆工伤保险基金先行支付立法完善进路[J].台湾研究集刊,2012(4):28.

民法院申请扣押、查封、拍卖。其价值相当于应当偿还数额的财产，有效达到应追尽追的目的，对违法行为人构成有效的法律震慑。这些规则和具体的操作办法值得其他省市借鉴、学习，确保了工伤保险基金的收支平衡，确保了工伤保险基金有效平稳运行。

7.1.3 推进工伤康复制度的完善

完善工伤康复制度，解决农民工的后顾之忧，是保障工伤者权益的重要环节。我国多个省市在工伤康复工作中，已开始有益的探索，并初见成效。但我国工伤康复制度起步较晚，而国外一些国家工伤康复制度已有百年的历史。如美国，其工伤康复不仅具有高度的专业性，同时还有一套较为完善的激励与约束兼容的机制增强工伤者的康复动力。在制度运行中，工伤保险基金、联邦政府、州政府、特定种类的基金、慈善机构等渠道构建了多元化的资金体系。工伤康复俱乐部、家居式康复等康复模式为工伤者提供了多种选择。[1] “他山之石，可以攻玉。”我国可以在资金来源、康复激励、简化工伤康复程序、康复资源供给等方面有选择地借鉴全国各省市或国外的相关经验，从而推进我国工伤康复制度进一步落实。

7.1.3.1 拓宽工伤康复资金渠道

可通过改变工伤康复单一的资金来源状况，拓宽工伤康复资金来源渠道，利用多元化的资金渠道为农民工提供工伤康复。工伤康复资金来源多元化有助于充实工伤康复资金，实现工伤康复的扩面。以美国为例，联邦政府、州政府、各类基金、慈善机构、雇主、工伤者本人都可以成为工伤康复资金的来源。[2]

(1) 在美国部分州，联邦政府与州政府共同出资构成了本州职业康复的资金来源。

---

[1] 刘人玮. 美国工伤康复制度及对我国的启示[J]. 中国劳动,2015(2):83.

[2] 刘人玮. 美国工伤康复制度及对我国的启示[J]. 中国劳动,2015(2):83.

例如，亚利桑那州政府经济安全部下属的康复服务管理处对职业康复项目进行管理，该项目的资金来源于州政府和联邦政府，田纳西州的职业康复项目由州与联邦政府共同出资运行，华盛顿州政府职业康复部门的资金来源于华盛顿州与联邦政府。[1]

（2）各类基金也是工伤康复的资金来源。

例如，在美国亚利桑那州，如果保险公司或雇主拒绝支付工伤康复或再就业的培训费用，工伤者可以向工业委员会的“特殊基金”提出申请以寻求可能的资助，“特殊基金”来源于本州工业委员会对保险公司和自我保险基金的征税，征税的额度不超过其收取的工伤保险保费的1.5%。

（3）针对某类特殊的工伤伤害，康复费用可能来源于某些特殊的基金，而这些特殊的基金又来源于对某类违法行为的罚款。

以加利福尼亚州为例，该州在2010年1月设立了创伤性脑损伤康复中心，其资金来源于本州的“安全带法”处罚基金。美国多个州都有自己的“安全带”立法，加利福尼亚州法律就规定，车内（公交车除外）乘客在六周岁以上的，都应当系上安全带，如果监控网络或警察发现车内人员未系安全带，有权对司机处以罚款。加利福尼亚州从这一罚款中提取部分款项，成立了“安全带基金”，专门用于脑部损害的康复，工伤抑或非工伤造成的脑部损伤都可以通过该基金得到康复费用。[2]

（4）慈善机构亦是工伤康复的资金来源之一。

美国有一些州的职业康复部门将合作的对象延伸至慈善机构。弗吉尼亚州政府的职业康复项目同本州中部的古德威尔商店合作就是典型的例子。古德威尔是美国著名的连锁慈善二手商店，其售卖的商品均来源于慈善人士的捐赠，既有实体店又有网络商店。古德威尔同亚马逊网站合作，顾客在亚马逊网站“微笑

---

[1] 刘人玮. 美国工伤康复制度及对我国的启示[J]. 中国劳动，2015(2)：84.

[2] 刘人玮. 美国工伤康复制度及对我国的启示[J]. 中国劳动，2015(2)：84.

计划”慈善板块上购物的，如果其购买了古德威尔网上商店的商品，该顾客支付价款的一部分将被纳入古德威尔基金，古德威尔利用这些收入对残障人士进行技能培训、工作评估等职业康复服务。[1]

（5）一定条件下，一些种类的康复费用是由雇主承担的。

在美国佛罗里达州，如果工伤雇员经过最大限度地治疗，其再就业的收入仍不能达到原有工作收入的 80%，其有权要求通过职业培训提升其就业竞争力，这时雇主或者保险公司应当为其支付不超过 26 周的培训费用，这就为工伤者在职业康复中获得新的职业技能提供了资金保障。

（6）在一定条件下，工伤康复者自己需要支付部分康复费用。

在美国，虽然收入与流动资产不是雇员申请工伤康复的条件，然而，为了更好地照顾到贫困者，确保有限的资金最大限度地发挥作用，如果工伤者的收入超过职业康复部门的规定，申请者需要自己支付部分康复费用，在得克萨斯州等地就是如此。

通过上述分析，笔者认为，可以由政府根据各地的经济发展水平与工伤保险收支情况，探索多元化的工伤康复的资金来源渠道。第一，通过严格执法，强化对未缴纳工伤保险的用人单位或者雇主的处罚，并可以考虑从罚款中提取一定比例。第二，成立专项基金，对那些不享受工伤保险而经济困难的农民工伤者，利用专项基金对其康复进行适当资助或补贴。第三，可以利用慈善基金进行“兜底救助”，对于那些破产、停产企业无工伤保险的家庭生活困难的农民工，启动慈善基金为其提供康复费用，对其进行“兜底保护”。[2]

7.1.3.2　采取措施，对农民工工伤康复进行有效激励

可通过是否进行工伤康复与所获得的工伤赔偿金挂钩，并且将这一规则以立

---

[1] 刘人玮. 美国工伤康复制度及对我国的启示[J]. 中国劳动，2015(2)：85.

[2] 刘人玮. 美国工伤康复制度及对我国的启示[J]. 中国劳动，2015(2)：87.

法形式确定，增强工伤者康复的动力。对此，也有较好的办法可资借鉴。例如，马萨诸塞州的《工伤赔偿法》规定，工伤者拒绝参与职业康复的，保险公司可以对其减少工伤保险金补助的支付；[1]《明尼苏达州工伤赔偿法》的规定则更为严厉，如果工伤者不进行工伤康复，工伤保险机构有权拒绝支付工伤保险待遇。

对于联邦雇员，亦有类似的规则对其约束，美国《联邦雇员赔偿法》是一部针对联邦政府雇员发生工伤进行赔偿的法案。该法规定，如果工伤者没有合理的原因而拒绝职业康复的，工伤赔偿项目办公室将推断工伤者经过康复后可能具有的工作能力，从而相应地减少赔偿。除了约束机制，推动工伤者进行工伤康复的制度还包括激励机制。在阿肯色州，工伤者在进行康复评估期间，如果工伤者没有收入，雇主应当提供最多不超过6周的额外补偿；《美国联邦雇员赔偿法》规定，进行职业康复的工伤者，由工伤赔偿项目办公室向其提供每月补偿不超过200美元的额外补助。

在雇主方面，亦有相应的制度对其进行激励和约束，确保其推动、保障工伤者的康复。以马萨诸塞州为例，该州《工伤赔偿法》规定，工伤员工在职业康复期间或之后，雇主安排其从事较轻松的工作或根据其身体状况为其调整工作场所或工时，雇主将得到良好的工伤赔偿记录，同时可以享受更为优惠的工伤保险费率。对于雇主的激励还包括税收优惠。在华盛顿州，为鼓励企业招收正在进行职业康复计划的残疾人，政府执行税收抵免政策。对于招收经过康复再就业的残障人士就业的，企业亦享有税收优惠。

为了保障工伤者康复后顺利就业，打消新雇主的用工顾虑，对于雇主的约束还体现在其雇佣行为上。《美国残障人法案》规定，雇主在工作机会前，不得查询工作申请人的工伤赔偿记录。这也让工伤者减轻担忧，能够放心地进行工伤康复。

---

[1] 刘人玮. 美国工伤康复制度及对我国的启示[J]. 中国劳动,2015(2):83.

7.1.3.3　加强宣传，消除信息壁垒，让工伤者知晓自己有获得工伤康复的权利，也知晓康复机构以及如何康复

2021 年，海南省人力资源和社会保障厅、海南省社会保险服务中心联合发布了《关于进一步推动我省工伤康复事业高质量发展的指导意见》，其中就明确要求，在受理工伤认定和劳动能力鉴定时，社会保险行政部门、劳动能力鉴定机构可向申请人发放工伤康复权益告知书。同时，通过省集中式工伤保险信息系统向符合康复住院标准的工伤职工及其用人单位推送工伤康复权益信息，及时告知依法享有的工伤康复权益。此外，还可以采用劳动者喜闻乐见的传播方式，利用视频公众号、电视、广播、报纸、社区宣传栏等传播媒介，使工伤康复的观念深入人心，从而转变“重赔偿、轻康复”的传统意识。

7.1.3.4　适当简化工伤康复确认流程

通过简化工伤康复确认流程，优化从工伤医疗到康复阶段的转诊手续，使医疗到康复之间的衔接更为便捷、顺畅。广东省的工伤康复工作走在了全国的前列，在简化康复程序等措施上值得借鉴、学习。

2020 年，广东省人力资源和社会保障厅发布了《关于建立健全工伤康复精准发动机制推动工伤康复高质量发展的指导意见》，提出了工伤康复高质量发展的目标。围绕简化流程，主动服务的原则，指出了应优化工伤康复确认流程，精简申请材料，缩短确认时限。值得一提的是，由广州市率先探索的工伤康复协调员机制对于提升工伤康复工作的便捷性起到了重要的作用。工伤康复协调员在早期也被称为“医疗追踪医生”，他们既是工伤康复的宣传员，又是工伤康复的协调者、质量跟踪者。这一工作模式已经在上海、江苏等省市得到推广。[1]

---

[1] 冼伟锋，梁罗娜，等. 从“有没有”迈向“好不好”，广东首创工伤康复精准发动机制［EB/OL］.（2021-01-12）［2022-07-28］. https://static. nfapp. southcn. com/content/202101/12/c4597348. html.

7.1.3.5 增强工伤康复资源的供给。

因地制宜，不同地区有区别地发展工伤康复资源。在工伤保险基金规模较大，康复专业人才充足的地区可以兴建专门的工伤康复机构；工伤保险基金结余不充足的地区，通过谈判购买服务的方式获得较为充足的工伤康复资源。

整合现有资源，人尽其用，物尽其用。社区医疗机构具有分布广、数量多的优势，其可以承担恢复期较长的工伤者的康复工作；适度放开工伤康复协议机构的准入门槛，增加工伤康复机构的供应量；整合残疾康复资源，工伤康复与残疾康复在康复目标与康复手段上具有共同性[1]，加强民政、卫生、劳动等行政部门的沟通、协调，整合残疾人康复的现有资源。另外，倡导居家式康复。居家式康复能够为其提供持续性强且费用相对低廉的康复护理，通过由专业的康复人员对其家属进行不定期的指导与效果追踪，鼓励那些需要进行长期康复的工伤者并进行居家式康复。[2]

7.1.4 加强农民工工伤再就业保障

经过工伤康复实现再就业，为农民工的生活提供了保障，也有效地整合了劳动力资源。通过尽力保留原有雇佣关系，不仅使劳动者对企业有更强的归属感，同时能够缩短工伤者的医疗和康复的时间，对促进劳动能力的恢复和再就业具有特别重要的作用。相关更完善的经验，为我国工伤康复再就业制度的建立与完善带来启发。

其一，应加强对职业康复后就业情况的追踪与后续服务。例如，美国的职业康复中的“匹配度追踪”服务与“后续”服务十分完善，是工伤康复灵活性的又一体现。匹配度追踪指职业康复部门将同那些康复而再就业的工伤者最少

---

❶ 朱丽敏，孙树菡．关于残疾人康复与工伤保险康复资源整合的探讨[EB/OL]．(2009-12-22)[2019-05-06]．http://www.gddpf.org.cn/ztjj/jklsjf/dsfs/content/post_588209.html.

❷ 刘人玮．美国工伤康复制度及对我国的启示[J]．中国劳动，2015(2)：87.

保持 90 日的联系，对劳动者同工作的匹配度进行追踪，以此确保其适应新的工作；90 日后，如果能够极好地胜任新的工作，同时，申请者不需要其他服务的，职业康复部门的咨询师方可停止服务。后续服务是指，在必要时，申请者需要再次启动再就业申请的，咨询师可以重启服务程序[1]，如果劳动者在入职后再次失业，将帮助他们应聘类似的工作或协助其再次申请职业康复部门的服务。由于我国农民工面宽、量大，进行这项服务将是一项新的课题。

其二，应通过对农民工的再就业进行保障，解决其后顾之忧。在工伤康复期间，对于那些有就业意愿但受限于身体状况而就业能力不足的农民工，在庇护工场工作无疑是良策。在美国、英国、德国、日本等地，庇护工场已有较为成熟的发展。[2] 为鼓励企业吸纳工伤康复期间的员工就业，美国就有这样的规定，对于那些为重度残疾者提供工作的机构，联邦政府必须向其采购货品。对于吸纳就业的企业进行激励，如在美国华盛顿州，为鼓励企业招收正在进行职业康复计划的残疾人，政府执行税收抵免政策。结合我国实际情况，可以通过三个途径构建庇护工场：一是为受伤农民工建立专门的庇护工场，为农民工提供与其健康状况相匹配的工作，如超市、洗车场、城市绿化与保洁等；二是政府以支付补贴的形式，鼓励企业临时吸纳康复期间的农民工；三是以“合同换岗位”，即政府同企业签订政府采购合同，企业为康复中的农民工提供一定数量并适合其身体状况的工作岗位。

7.2　增强农民工文化资本

劳资双方的力量犹如天平的两端，提升维权意识，增加农民工的维权能力应当补强其文化资本与社会资本，唤起劳动者对自我境遇的反思，从而激发其维权意识，推动其积极维权。

---

[1] 刘人玮. 美国工伤康复制度及对我国的启示[J]. 中国劳动,2015(2):86.

[2] 熊文娟,李伦,雷江华. 我国庇护工场的发展历程、优势及挑战,[J]. 绥化学院学报,2014(4):34.

7.2.1 建立企业不良信息披露制度

建立企业不良信息披露制度，能对违反劳动法的相关企业形成有效威慑，增加其招聘成本。另外，通过对企业违反劳动法的行为不定期披露，能降低农民工在就业时对用人单位的信息搜寻成本。在执法检查中，政府将劳动保护条件不达标、不签订劳动合同、不购买工伤保险以及有其他侵害劳动者权益行为的企业进行及时公布，通过这些信息，农民工在择业与就业时必将这些因素纳入考虑的范畴，在劳动者保护领域频繁违法的企业必将在招工时被排除在外。

同时，将推动企业利用可行的手段在此领域获得良好声誉和社会评价❶，促使企业在提供安全生产条件、签订劳动合同、购买工伤保险等方面严格恪守法律。通过劳动执法监督部门建立企业违法行为系统，及时更新发布企业违反劳动保护信息，并使公众能够通过公开的信息系统进行检索查询。我国已有部分省市开始对企业在劳动保障方面的诚实守信情况进行披露。如2014年大连市政府颁布了《大连市用人单位劳动保障守法诚信评价办法》❷，该办法规定了企业信用等级的评定方法。用人单位失信、违法等相关行为将向社会披露，这是企业信用信息公开制度化的一个良好开端，使企业在劳动者保护与工伤保险购买等方面的信息成为唾手可得的信息。相关信息也将作为合作对象判别该企业是否诚实守法的一个依据。

7.2.2 完善法律援助制度

7.2.2.1 法律援助工作的立法与实践现状

为满足人民群众日益增长的法律援助需求，2020年，人力资源和社会保障

---

❶ 吴元元.食品安全信用档案制度之建构:从信息经济学的角度切入[J].法商研究,2013,30(4):14.

❷ 大连:失信单位失信信息记入企业信用档案并公开[N/OL].(2014-04-23)[2019-06-23].http://www.dailyqd.com/2014-04/23/content_51801.htm.

部、司法部、财政部发布了《关于进一步加强劳动人事争议调解仲裁法律援助工作的意见》（人社部发〔2020〕52 号），该意见明确指出，保障符合条件的劳动者特别是贫困农民工及时获得法律援助服务，以实现维护劳动者合法权益、确保法律正确实施、促进社会公平正义。针对劳动人事争议调解仲裁工作，应推进法律援助工作。

（1）实现调解仲裁法律援助受援对象的扩面。

在援助对象上，农民工等群体是仲裁法律援助工作重点关注的对象。在援助事项上，对于符合《法律援助条例》规定的请求给予社会保险待遇等事项的，司法行政机关应推动有条件的地方将经济补偿、赔偿金等涉及劳动保障事项纳入法律援助补充事项范围。

（2）健全便民服务机制，简化审查程序，打通法律援助的“最后一公里”。首先，该意见要求，开辟法律援助“绿色通道”，对农民工等重点服务对象申请法律援助的，加快办理进度；其次，对情况紧急的集体劳动争议案件，可以先行提供法律援助，事后补交相关手续和材料；再次，对于贫困劳动者或申请支付工伤赔偿的农民工，免于对其经济状况的审查。

（3）通过部门协调合作，建立健全调解仲裁法律援助协作机制。人力资源和社会保障部门与仲裁院发挥处理劳动争议的优势。

根据该意见的要求，各地推动农民工法律援助工作，多措并举，推动维护农民工权益保障工作再上新台阶。比如，异地建站为农民工提供法律服务。湖南省是外出务工的大省，因与广东省毗邻，湖南省农民工将广东省作为外出务工的主要目的地。为了给农民工提供更好的维护服务，让农民工更有尊严地工作、生活。湖南省嘉禾县驻广东省流动党委、县总工会在东莞市设立了农民工维权服务中心，并与驻地政府和有关部门密切协作，构建双向维权机制，让农

民工不再维权无门。❶

又如，多地建立并为农民工提供多元化的维权渠道。江苏省溧阳市人社局大力建设集工伤认定、劳动监察、劳动仲裁、法律援助为一体的“四位一体”劳动争议服务平台，打造劳动纠纷多元调解新模式。在为农民工提供免费劳动法律咨询的同时，搭建提供现场、网络、电话三大平台的维权渠道。❷

从总体上来看，各地法律援助工作取得了长足进步，部分省市在推进法律援助工作上也取得喜人的成绩，比如四川的法律援助工作扎实、细致，为农民工伤维权起到了积极的作用。包括：深入劳动密集型企业，为企业定制法律课程。开展法治宣传，有效地减少了企业用工中的违法行为；在援助对象上，做到应援尽援；在办理法律手续上，实现了先受援再提交手续，缩短了审批时间，提高了审批效率；在法律援助的辐射面上，多个部门通力配合。

7.2.2.2 法律援助工作的完善路径

结合农民工工伤维权的现状，还应从以下五个方面完善法律援助制度，提升农民工依法维权的能力。

（1）重视法律服务工作者在农民工维权中的作用。

截至2021年，全国基层法律工作者的数量为5.8万人。2012年修订的《民事诉讼法》规定了基层法律工作者可以被委托为诉讼代理人。❸ 这为基层法律服务工作者涉足农民工工伤赔偿案件的代理工作提供了法律依据。同时，基层法律服务工作者获取执业资格的门槛相对较低。为争取更多业务，其收费也更为低廉，收费比例更为灵活。然而这并不影响大多数法律服务工作者执业的

---

❶ 维护外出农民工合法权益，嘉禾这样做！［EB/OL］.（2019-08-28）［2022-07-28］. https://www.sohu.com/a/337086779_120205619.

❷ 溧阳创新打造解决劳动争议“四位一体”服务平台［EB/OL］.（2021-12-10）［2022-07-29］. https://baijiahao.baidu.com/s?id=1718743917803866947&wfr=spider&for=pc.

❸ 2021年度律师、基层法律服务工作统计分析［EB/OL］.（2022-08-15）［2022-08-29］. http://www.moj.gov.cn/pub/sfbgw/zwxxgk/fdzdgknr/fdzdgknrtjxx/202208/t20220815_461680.html.

专业性。而相较于农民工本身而言，他们的法律知识与法律操作都有绝对的优势。另一方面，某些常年代理工伤案件的基层法律工作者，其熟练程度与代理效果并不逊于专业律师，他们中的多数专业知识过硬，实务操作熟练，而且群众更易接近。[1]然而，在 2017 年《最高人民法院关于认真贯彻实施民事诉讼法及相关司法解释有关规定的通知》（法〔2017〕369 号）中，把基层法律服务工作者的代理权限定在“本辖区内”，不少地方在执行中将这一规定理解为“本乡、镇，街道内”或限定在本县、区内，这是应当纠正的。建议在代理农民工工伤赔偿案件中，基层法律工作者的代理权限适当扩大，如限定于本省范围或本地（市、州）范围之内。

（2）对代理农民工维权案件的法律工作者与律师进行激励。

对法律工作者与律师的收费进行保障，从而为农民工争取更多的法律资本。在美国的部分州，如路易斯安那州，律师费只要不超过一定数额，就可以被工伤保险覆盖，这为工伤者在索赔中尤其是有争议的索赔案件寻求专业的法律帮助形成了有效激励。在我国，可以通过实质性奖励与荣誉性奖励并举的方式，激励律师与法律工作者代理农民工工伤案件。政府在拓宽法律援助“绿色通道”的基础上，可以适当提高对法律援助律师的补贴，对于工作优秀、表现突出的提供法律援助的法律服务工作者、律师、法律服务所、律师事务所予以奖励、表彰，从而激发他们为农民工维权案件代理的动力与热情，增强农民工的法律资本，引导农民工在法律框架内解决纷争、实现权益。

（3）“宽严相济”，适度降低法律援助的准入门槛。

一方面，适当放宽经济困难的认定标准，让更多的工伤农民工有可能获得专业的法律支持，提高他们的获赔率。在认定“经济困难”的过程中，可以考

[1] 应星.“迎法入乡”与“接近正义”：对中国乡村“赤脚律师”的个案研究[J]. 政法论坛，2007(1)：79-94. 应星在文中分析并比较了赤脚律师的执业优势，并指出赤脚律师是铺设具有中国社会特色的公民“接近正义”的“桥梁”。从案件收费与接近的程度上来看，赤脚律师同法律工作者有一定的相似之处。

虑采用更为灵活的认定标准。如2021年，在北京市开展的“减证便民”行动中，市司法局印发了《北京市法律援助经济困难证明告知承诺制实施意见（试行）》，正式实行法律援助证明事项告知承诺制。申请人符合法律援助经济困难条件的，在申请法律援助时，申请人可以选择。既可选择提供经济困难证明，也可以选择签署《法律援助申请告知承诺书》。另一方面，如果申请人存在不诚信行为，对其提供的法律援助将被终止。由司法行政部门责令其支付已实施法律援助的费用，并处3000元以下罚款。同时，还将被记入失信记录，共享至北京市公共信用信息服务平台失信名单❶，既保障了申请人能够及时得到法律援助，又因为有明确的处罚措施从而确保申请人诚实守信，这一措施值得借鉴。

（4）通过拓宽资金渠道，加大法律援助资金投入。

我国的法律援助资金中，包括财政拨款及社会捐助，前者占经费的绝大部分。因此，拓宽法律援助资金渠道势在必行。从美国的法律援助来看，捐助的比例占到了总经费的11%，其中又包括私人基金、私人律师事务所、社会发展基金以及个人，如福特基金会从1963年起就一直资助“公共辩护者计划”。❷笔者建议，同意通过精神与物质双重激励，提高社会对法律援助资金的捐助热情；通过媒体宣传，树立捐助者的正面形象；通过税收减免政策引导企业在法律援助的层面承担相应的社会责任。

（5）加强法律援助队伍建设，提高法律援助队伍素质，通过专人监督、案件跟踪、事后回访、庭审旁听，加强对法律援助人员办案态度、办案效率、办案质量等方面的追踪，切实提高法律援助水平。

---

❶ 孙莹. 法律援助证明事项可选告知承诺[EB/OL].（2021-11-24）[2022-02-03]. http://www.gov.cn/xinwen/2021-11/24/content_5653004.htm.

❷ 梁鹏. 法律援助资金保障的理念与路径[J]. 中国司法，2005(9)：80.

7.2.3 加强对农民工法律意识的宣传

农民工是工伤维权中的直接参与者，农民工的法律意识决定了维权的方式，也在一定程度上决定了其维权结果。通过私力救济进行工伤维权效果具有不稳定性，通过行政力量进行工伤维权并不节约时间，更不能在获赔金额上获得额外“实惠”。而通过仲裁、诉讼不仅能确保农民工的合法权益得到充分保障，更能让他们在每一个案件中都感受到公平、正义。因此，将农民工的工伤维权行为向法治的轨道上引导才是长久之计，而提升农民工的法律资本是实现这一目的的有效路径。

7.2.3.1 对农民工进行法治宣传的方式

一般情况下，农民工对工伤维权的相关知识没有主动学习的动力。因此，法治宣传要达到良好的宣传效果，宣传方式尤为重要。

文化资本的积累耗时费力，并非每个人都愿意将有限精力投入其中，而就法律知识而言，若非与己休戚相关，农民工一般不会主动投入精力学习法律知识。然而，在农民工工伤维权中，法律知识发挥重要的作用，“劳资双方力量的不均衡，信息不对称将会影响劳动者在解决纠纷方面的合作意愿及结果”[1]。因此，对农民工进行法治宣传的方式应当灵活多样。

采用农民工喜闻乐见的方式，宣传工伤维权知识，可以采用印刷图文并茂的图册、宣传单，利用年画、扑克牌、环保袋、公交车宣传视频、台历等载体进行工伤维权宣传。此外，随着新媒体的兴起，还可以通过视频号、微信公众号等平台进行网络宣传。

7.2.3.2 对农民工法治宣传内容上的要求

（1）宣传内容的文字表达应简单、易记、朗朗上口。

农民工对这些宣传内容的掌握无需深厚的文化背景，但效果是直接、简单

[1] 吕惠琴. 农民工劳动权益救济方式选择意愿调查[J]. 国家行政学院学报，2015(5)：82.

且有效的。例如，在调研过程中，某工业园区宣传工伤保险的重要性，用了这样的标语："工伤无保险，伤痛无人管，孩子无人看，父母泪涟涟"。这样的标语直观、简单、冲击力强、让人过目不忘。

（2）法治宣传中，应有工伤赔偿计算方法的相关内容。

建立一套高效的救济信息传递制度，使农民工知晓工伤赔偿的基本计算方法。一些国家或地区的工伤赔偿金额计算方法相对简单，如我国香港地区，通过对应伤残等级、年龄和每月收入即可知晓确定的补偿金额，我国香港地区的《雇员补偿条例》规定，若雇员因受伤引起永久地完全丧失工作能力，补偿金额须按照受伤时的年龄和每月收入计算。分为三个年龄阶段：40岁以下，40岁至56岁、56岁以上。以40岁为例，补偿金额为96个月的收入或最低补偿金额，二者以较高金额为准。仅仅通过法律就可以对自己获得的赔偿金额了然于胸。该条例还直接规定了最低赔偿金。这可以为农民工法治宣传带来启发，可以制作简单的公式让农民工掌握工伤赔偿的基本构成，针对不同伤残等级给出大致的数额赔偿区间，使农民工对不同等级的伤残对应赔偿数额做到心中大致有数。

（3）法治宣传中，应有依法维权策略的相关内容。

把握好依法维权策略的宣传，可以提高农民工工伤维权胜诉率，提高案件的执行率，主要内容有以下四点。

①农民工应把握好诉讼策略，维护自身合法权益。通过咨询律师、法律援助工作者，了解合法维权的基本程序，收集相关资料。避免盲目申请劳动关系认定，在案件中少走弯路，避免浪费时间，提高获赔可能。

②在仲裁与诉讼中，应当客观陈述案件相关的事实，并注意陈述的事实前后一致。同时，注意避免仲裁请求与诉讼请求前后冲突。《最高人民法院关于民事诉讼证据的若干规定》（2019修正）第63条规定，当事人应当就案件事实作真实、完整的陈述。当事人的陈述与此前陈述不一致的，人民法院应当责令其说明理由，并结合当事人的诉讼能力、证据和案件具体情况进行审查认定。保

持证词的客观性与一致性，有利于案件的顺利审理，节约维权时间。

③用好财产保全制度，提高判决的执行率。财产保全制度与财产保全责任保险两项制度为工伤者保驾护航。在工伤案件中，赔付是关键的一环。财产保全制度能有效预防用人单位转移财产导致无财产可供执行的情况。根据《民事诉讼法》第 104 条的规定：若情况紧急，如果不立即申请财产保全，可能将因为用人单位转移、隐匿财产导致工伤赔偿落空。利害关系人“可以在提起诉讼或者申请仲裁前向被保全财产所在地、被申请人住所地或者对案件有管辖权的人民法院申请采取保全措施”，“人民法院接受申请后，必须在四十八小时内作出裁定”。一旦人民法院裁定采取保全措施，将立即开始执行。财产保全能够有效地解决工伤者的后顾之忧。

④用好财产保全责任保险，打消申请财产保全的顾虑。《民事诉讼法》第 108 条规定，申请财产保全有错误的，“申请人应当赔偿被申请人因保全所遭受的损失”。这一规定让个别申请人“望而生畏”。为确保财产保全制度高效地发挥作用，《最高人民法院关于人民法院办理财产保全案件若干问题的规定》第 7 条明确规定了财产保全责任险制度。申请保全人向保险人缴纳保费，与保险人订立财产保全责任险合同，保险人负责向人民法院出具担保书，这就将因为财产保全错误可能发生的赔偿风险转嫁给了保险公司。[1]

7.3　农民工社会资本补强

7.3.1　加强社会工作对农民工工伤赔偿的介入

7.3.1.1　我国社会工作发展现状

还要加强社会工作对农民工工伤权益保障的介入，增强农民工的社会资本。

[1] 刘君博. 财产保全责任险保险费承担机制研究[J]. 法学杂志,2020,41(6):89.

农民工社会问题的解决既需要国家各项法律、政策环环相扣，也应借助社会力量和专业服务方法为其注入新鲜血液，社会工作成为其中一项重要选择。❶

社会工作是提升国家治理能力，实现治理能力现代化的重要组成部分。2012年，中央组织部、中央政法委、民政部、人力资源和社会保障部等19个部委和群团组织联合发布了《社会工作专业人才队伍建设中长期规划（2011—2020年）》，文件要求社会工作服务惠及农村人口，促进城乡专业社会工作协调发展，同时，在《关于促进农民工融入城市社区的意见》中，特别提到了将涉及农民工切身利益的劳动就业、法律援助、社会保障等社区服务项目逐步向农民工覆盖。党的十九届五中全会对加强和创新社会治理提出了新要求，拓宽新社会阶层、社会工作者和志愿者参与社会治理的渠道，是实现“群众自治圈”“社会共治圈”的重要内容，也是中国特色社会主义社会治理之路的重要手段。

截至2019年年底，全国社会组织总量为86.63万个。2019年，全国持证社会工作者共有53.10万人。近年来这一数量保持着正增长的趋势。❷ 日益壮大的社会工作者群体，为农民工劳动权益保护，尤其是工伤维权发挥越来越重要的作用。如广东省佛山市福康社会工作服务中心联合本区司法局、南海慈善会、共同发起成立的佛山市南海区“法相随”法律援助慈善项目正式启动。为农民工维权营造了良好的法治环境，助力农民工依法维权、成功维权。❸ 又如广东省惠州市，每个工伤鉴定日都有工伤社工和志愿者等为现场的工伤职工提供专业

---

❶ 卢磊，黄小娟．社会工作介入农民工服务的基本议题：一个本土社会工作发展领域［J］．社会福利（理论版），2019（4）：11.

❷ 2019年，全国持证社会工作者共53.1万人［EB/OL］．（2021-01-28）［2022-07-29］．https://shgz.mca.gov.cn/SWMS/LEAP/swmss/index.html#/detailsPage? pageNow=5 & newstype=01.

❸ 办理劳动争议法援案件4573件！市司法局助力农民工欠薪攻坚行动［EB/OL］．（2020-12-10）［2022-07-29］．https://www.sohu.com/a/437729895_120060097.

服务：包括工伤慰问、工伤认定与工伤康复等知识的宣讲。[1] 社工群体真正成为农民工的“贴心人”。

7.3.1.2　完善社会工作在帮扶农民工工伤维权中的对策

（1）社工工作在帮扶农民工工伤维权中的优化路径。

社会工作介入农民工工作的时间不长，经验还不够成熟。应通过以下四个方面不断完善。第一，打造个性化服务，提高服务内容与农民工需求的匹配度；第二，专业的社工督导人员仍需增加，要不断提升社工服务质量；第三，一些机构和组织对社工工作的了解不够，应加强宣传，提高社工工作在整合社区资源中的能力；第四，社工工作的资金来源相对单一，应拓宽资金来源，减少对政府资金的依赖性。

（2）明晰社会工作者在帮扶农民工工伤维权中的角色定位。

社会工作的介入，一方面可以帮助农民工进行工伤维权。另一方面，也可以使农民工有时间与精力专注于工伤康复。美国的社会工作服务发展成熟，相关社会工作者的角色定位给我们带来三点启示。

第一，社会工作者应发挥心理咨询师的角色，社会工作者承担了对工伤者本人及其家庭成员提供心理干预与心理咨询的责任。第二，在适当的时候，社会工作者是工伤者的代理人。例如，协调与跟进医疗与职业康复服务。协助工伤者获得适当的医疗、协助职业病患者获得雇佣记录。第三，在必要的时候，社会工作者发挥“秘书”的作用。

7.3.2　加强工会与民间力量对农民工维权的帮扶

提高农民工入会率，切实让工会成为农民工的“自己人”“娘家人”。上海

---

[1] 沈莹. 职工冷暖“记心坎”工伤维权“守初心”[EB/OL].(2022-01-30)[2022-07-28]. http://www.gdftu.org.cn/xwzx/ghdt/content/post_695061.html.

的做法值得推广：2019年，上海总工会提出，将不断扩大工会组织对农民工的有效覆盖。到2020年年底实现全国总工会要求的农民工入会率达到55%的目标任务。[1] 相关企业、单位积极响应，开发了农民工入会手机端，实现了农民工一键入会，农民工只需一键导入身份识别号，扫描二维码就能实现加入工会，农民工获得劳动权益保障方面的服务将更加精准，便捷和实惠，切实提升了农民工的归属感。[2] 郴州市北湖区注重发挥农民工工会的作用，其先进经验值得借鉴。郴州市北湖区驻广东省农民工工会在协助农民工维权上发挥了积极的作用：一是，郴州市北湖区驻广东省农民工工会聘用具有专业知识、敬业精神的负责人；二是工会建立起了充分的上下级间的信任。

7.4 小结

工伤保险包含工伤预防、工伤保险、工伤康复三个层面的内容，从这三个方面着手，完善“三位一体”的工伤保险制度，是解决农民工工伤赔偿的有效手段。

在工伤预防层面，构建激励与约束相结合的工伤预防制度，通过强化政府监管责任，将安全生产的排查、整治常态化、日常化。在完善工伤保险制度的层面，将企业履行购买工伤保险的义务与企业资质挂钩；改革工伤保险制度，使其惠及零工劳动者；继续推动集体劳动合同的签订，实现工伤保险扩面；通过细化社保机构的追偿机制，完善先行支付制度，确保工伤保险基金的安全。在推进工伤康复制度方面：应拓宽工伤康复资金渠道；采取措施，对农民工工

---

[1] 上海工会呼唤农民工加入：今年底劳务单位过半职工入会[EB/OL].(2019-03-05)[2022-07-29]. https://baijiahao.baidu.com/s?id=1627165316390572010&wfr=spider&for=pc.

[2] 建工临港建设者小镇打造智慧工会服务终端 上海实现农民工“一键入会”[N/OL].安徽工人日报.2021-09-24(7685)[2022-07-28]. http://epaper.ahgrrb.com/index/article/articleinfo?doc_id=16436.

伤康复进行有效激励；加强工伤康复的宣传，消除信息壁垒等。同时，应加强对工伤农民工再就业的保障。

推进法律援助工作在协助农民工工伤维权中的作用。建议对代理农民工维权案件的法律工作者进行物质与精神的双重奖励；适度降低法律援助的准入门槛；加强对法律援助人员办案效率与质量等方面的追踪，切实提高法律援助水平。法治宣传中，应注意宣传的方式与内容。此外，应加强工会与民间力量对农民工维权的帮扶作用。

参考文献

[1]韩淑慧.社会保障概论[M].北京:经济管理出版社,2018.

[2]李满奎.工伤保险的强制性及其实施路径研究[M].北京:法律出版社,2014.

[3]吕学静,王争亚,王增民.中国农民工社会保障理论与实证研究[M].北京:中国劳动社会保障出版社,2008.

[4]孙树菡.工伤保险[M].北京:中国人民大学出版社,2000.

[5]孙树菡,朱丽敏.社会保险法[M].北京:中国人民大学出版社,2019.

[6]瓦尔特曼.德国劳动法[M].沈建峰,译.北京:法律出版社,2014.

[7]王显政.工伤保险与事故预防研究及实践[M].北京:中国劳动社会保障出版社,2004.

[8]于欣华.工伤保险法论[M].北京:中国民主法制出版社,2011.

[9]郑尚元.工伤保险法律制度研究[M].北京:北京大学出版社,2004.

[10]郭晓宏.中国工伤保险制度研究[M].北京:首都经济贸易大学出版社,2010.

[11]向春华.劳动能力鉴定理论与实务[M].北京:中国劳动社会保障出版社,2008.

[12]向春华.工伤理论与案例研究[M].北京:中国劳动社会保障出版

社,2008.

[13]郑功成. 中国社会保障改革与发展战略:理念、目标与行动方案[M]. 北京:人民出版社,2008.

[14]费孝通. 乡土中国[M]. 上海:上海人民出版社,2007.

[15]莱塞尔. 法社会学导论[M]. 高旭军,译. 上海:上海人民出版社,2007.

[16]斯科特. 农民的道义经济学:东南亚的反叛与生存[M]. 程立显,等译. 南京:译林出版社,2001.

[17]布莱克. 法律的运作行为[M]. 唐越,苏力,译. 北京:中国政法大学出版社,2004.

[18]郑成良. 法理学[M]. 北京:清华大学出版社,2008.

[19]波斯纳. 法律与文学[M]. 增订版. 李国庆,译. 北京:中国政法大学出版社,2002.

[20]江平. 民法各论[M]. 北京:中国法制出版社,2009.

[21]杨立新. 人格权专论[M]. 北京:高等教育出版社,2005.

[22]刘凯湘. 民法总论[M]. 北京:北京大学出版社,2011.

[23]席悦. 健康权视域下环境污染刑事治理中的价值多重及其优化[J]. 环境保护,2022,50(9).

[24]杨立新. 从生命健康权到生命权、身体权、健康权:《民法典》对物质性人格权规定的规范创新[J]. 扬州大学学报(人文社会科学版),2020,24(3).

[25]陈静,柳颖. 新型城镇化进程中的农民工社会保障满意度及其影响因素分析:基于江苏省 13 地市的实证调查[J]. 农村经济,2018(4).

[26]李怡然. 困住骑手的是系统吗?:论互联网外卖平台灵活用工保障制度的完善[J]. 中国劳动关系学院学报,2022,36(1).

[27]李朝晖,李安. 农民工工伤保险相关利益集团行为取向的影响因素:基于湖南五个城市的调查[J]湖南农业大学学报,2010(10).

[28]李满奎. 工伤保险体系中的“诉讼禁止条款”[J]. 环球法律评论,2010,32(4).

[29]袁朝辉. 新就业形态人员社会保险状况研究[J]. 中国劳动关系学院学报,2021,35(1).

[30]黄新根,李弘雯. 农村经济发展中的农民法律意识培养研究[J]. 中国集体经济,2022(4).

[31]冉敏. 甘肃省农民工社会保障参与现状及完善路径:基于四行业十八家企业的调查数据[J]. 新疆农垦经济,2021(12).

[32]公羽休. 补充工伤保险:理论与实践探析[J]. 中国人力资源社会保障,2021(9).

[33]鹿健岚. 我国灵活就业人员工伤保险存在的问题[J]. 人力资源,2021(10).

[34]陈敏. “非职工”群体纳入工伤保险制度保障探析[J]. 政治与法律,2017(2).

[35]王平达,王立楠. “互联网+”背景下灵活就业人员工伤保险问题研究[J]. 哈尔滨学院学报,2022,43(2).

[36]康蕊,吕学静. 借鉴日本经验改革我国工伤保险浮动费率[J]. 中国人力资源社会保障,2016(2).

[37]韩俊强. 农民工工伤保险参保行为与城市融合:基于武汉市的调查[J]. 社会保障研究. 2013(4).

[38]乔庆梅. 突发性公共事件应对中我国工伤保险的立法实践与决策选择[J]. 社会保障研究,2021(6).

[39]林浩,孟凡强. 工会参与提高了农民工城镇职工基本医疗保险的参保率吗? [J]. 中国劳动关系学院学报,2020,34(6).

[40]郭道久,王娇. 组织依托和权益保障:农民工工会的现实作用及发展方

向[J].山西师大学报(社会科学版),2019,46(6).

[41]王全兴,刘琦.我国新经济下灵活用工的特点、挑战和法律规制[J].法学评论,2019,37(4).

[42]肖竹.第三类劳动者的理论反思与替代路径[J].环球法律评论,2018,40(6).

[43]于莹.共享经济用工关系的认定及其法律规制:以认识当前"共享经济"的语域为起点[J].华东政法大学学报,2018,21(3).

[44]王天玉.互联网平台用工的合同定性及法律适用[J].法学,2019(10).

附　录

附录一　农民工通过行政力量进行工伤维权的案件[1]

案例编号	事故原因及伤情	先期维权方式	先期维权结果	信访介入单位及介入方式	信访维权结果	维权时间
1	三级伤残	伤残等级鉴定	雇主注销原公司，注册新公司，双方未就赔偿达成一致	县委常委、工商部门、工业园区、信访部门等多个部门协同，在庭前调解中落实解决方案	雇主支付赔偿金，一次性解决	2年
2	鼻骨骨折	初步协商	雇主拖延缴纳医药费	信访局、劳动和社会保障局几个部门同用人单位协商	雇主为工伤者联系医疗条件更好医院治疗	2年
3	腿、腰多处骨折	雇主支付部分医疗费	伤者无钱继续医治，伤势尚未痊愈	司法局、司法所、信访办、劳动所、村委会看望伤者，司法部门说服雇主赔偿	雇主支付赔偿金，一次性解决	4个月

[1] 关于案例来源的说明：案例1、2、3、4、7、10、12，来源于扬州司法行政网、四川法制新闻网、六安市政府官网等网站。

续表

案例编号	事故原因及伤情	先期维权方式	先期维权结果	信访介入单位及介入方式	信访维权结果	维权时间
4	左手食指被压断，中指被压伤	起诉雇主并胜诉	雇主没有财产可供执行	县政法委、信访局、人民法院、国土局、劳动监察局等多个部门研究决定将砖厂转让，并为其办理转让手续协调	转让资金用于解决工伤赔偿款项，双方签署协议，一次性解决	3个月
5❶	重伤	伤残等级鉴定	雇主拒绝支付高额手术费用	安监局、城建局、劳动局、镇政府党委办公室联系劳动仲裁委免去工伤鉴定费，安监局、城建局、劳动局多方同施工单位协调	村委会筹资垫付医疗费，用人单位赔偿医疗费、经济补偿金，一次性解决	1年
6❷	右手三根手指被切除，七级伤残	伤残等级鉴定；自行协商未果	用人单位拒绝支付赔偿费用	信访局、派出所、司法所、劳动仲裁委员会、人民法院多部门协商为工伤者办理法律援助手续并调查取证，最终由人民法院进行裁决	用人单位一次性支付赔偿金	2年5个月
7	因工负伤	协商未果	赔偿数额未达成一致，用工单位拖延处理	司法所介入并组织协调	就赔偿金额达成一致	1年5个月
8❸	四级伤残	劳动仲裁、诉讼	不满工伤待遇补助金额	人民法院、乡镇政府、市人大共同调解	达成调解协议，用人单位一次性支付赔偿金	8个月

❶ 马丙宇，方忠辉，郭保江. 村民打工摔成重伤政府协调终获赔偿[EB/OL].(2013-12-24)[2019-05-11]. http://finance.sina.com.cn/nongye/nygd/20131224/025917727044.shtml.

❷ 中共江苏省委信访局. 情为民所系：我为伤残农民工讨公道[EB/OL].(2017-11-13)[2022-07-29]. http://jssxfj.jiangsu.gov.cn/art/2017/11/13/art_17322_6451839.html.

❸ 瞿德雄，曹庚雄. 资兴人民法院：多方合力成功调处一起信访工伤纠纷案[EB/OL].(2012-11-15)[2019-08-02]. https://zxsfy.chinacourt.gov.cn/index.shtml.

续表

案例编号	事故原因及伤情	先期维权方式	先期维权结果	信访介入单位及介入方式	信访维权结果	维权时间
9❶	下身瘫痪	协商并索要工伤赔偿	用人单位只交了首笔住院费，工伤者被迫提前出院	市人大、政法委、人民法院、信访局、工会、劳动局多部门协商，人民法院进行裁决	用工单位应一次性支付赔偿费	2年
10	五级伤残	协商并索要工伤赔偿	用人单位不承认劳动关系	人力资源和社会保障局帮助工伤者劳动关系认定、工伤鉴定、仲裁	经仲裁裁决用人单位支付赔偿金	6个月
11❷	下班回家途中因避让土块致车辆摔倒受伤	申请工伤认定	对不予认定工伤的结果不服	村委会、当地街道办、法律援助中心、信访局、当地街道通过信访代理、法律援助、行政建议等手段帮助劳动者进行工伤认定申请	区人社局重新作出工伤认定	2年
12	十级伤残	伤残等级鉴定	对伤残等级不满	当地调解委员会宣讲法律、劝解	按照原等级赔偿，工伤者获得慰问金	3年6个月
13❸	二级伤残	自行协商未果；伤残等级鉴定	用工单位仅垫付部分医疗费，拒不进行赔偿	司法局成立专案组，全面了解当事人具体诉求后为其办理了法律援助手续	达成调解协议，约定用工单位、分包商一次性支付赔偿金	8个月

❶ 元平珍，苏益铮. 重庆籍农民工彭开合在福建维权执行案获突破[EB/OL]. (2007-04-25)[2022-07-27]. https://www.chinanews.com/sh/news/2007/04-25/924123.shtml.

❷ 某街道信访维稳工作创新型案例：宋某工伤认定纠纷的妥善化解[EB/OL]. (2016-01-26)[2019-06-12]. https://wenku.baidu.com/view/32312cf3a5e9856a561260e7.html.

❸ 山西吕梁法律援助诉前调解助受伤农民工获赔169万元[EB/OL]. (2022-06-09)[2022-07-29]. https://baijiahao.baidu.com/s?id=1735134707748590996&wfr=spider&for=pc.

续表

案例编号	事故原因及伤情	先期维权方式	先期维权结果	信访介入单位及介入方式	信访维权结果	维权时间
14❶	硅肺	工伤认定；伤残等级鉴定；申请劳动仲裁	裁决迟迟未得到执行	信访部门接到求助后，先后通过省市县三级工会支持工伤者完成了职业病确诊、工伤认定和伤残等级鉴定，通过人民法院调解等司法程序维权	当事人获得一次性赔偿费	9个月
15❷	受伤住院	自行协商未果	双方协商未果	信访局、区政府、经济开发区管委会等多部门对双方进行调解	达成工伤赔偿协议，用人单位一次性支付赔偿费用	6天
16❸	视力受损经鉴定为四级残疾	伤残等级鉴定，自行协商未果	协商期间因工伤者病故而未果	因信访局、人社局不予受理其信访件，遂向检察院申请监督	检察机关为当事人申请了司法救助金，信访局给予当事人信访救助金，用人单位也给予一些经济补偿	30余年

❶ 搜狐网. 陕西省总工会：农民工吴某多头上访维权，工会介入终得案结事了[EB/OL].(2022-01-21)[2022-07-29]. https://www.sohu.com/a/518161881_257321.

❷ 陵城司法. 外省民工遇"工伤""老孙"调解获赔偿[EB/OL].(2021-10-02)[2022-07-28]. https://mp.weixin.qq.com/s/ubAZ3qHucmE2LROFmmpIqQ?.

❸ 梁高峰，韩华战，刘李娜. 山西阳城：释法说理促进30余年工伤赔偿纠纷得到解决[EB/OL].(2021-12-22)[2022-07-29]. https://www.spp.gov.cn/spp/dfjcdt/202112/t20211222_539364.shtml.

附录二　农民工通过“非信访”的方式进行工伤维权

编号	伤情	先期维权方式与结果	诉求表达方式与后续处理	最终维权结果	花费时间
A❶	当场死亡	伤残等级认定；与用人单位不能就赔偿达成一致	向县人社局提交了工亡者因工死亡的工伤认定申请，人社部门进行慎重研究对工伤进行认定	工伤认定为工亡，用工单位一次性支付赔偿金	3天
B	当场死亡	因赔偿金额差距悬殊，协商未果	到当地派出所反映，要求严惩事故责任领导；当地派出所的社区民警、办案民警共同调解	对赔偿金达成一致，施工单位一次性支付赔偿金	1天
C	九级伤残	伤残等级鉴定；用人单位拒绝支付工伤者工资与医疗费	到当地人力资源局投诉；人力资源局对用人单位进行法律法规解释并协助调解	用人单位补足受伤期间工资，一次性支付医疗费用	6个月
D	轻伤	提交工伤事故认定申请，因无劳动合同，劳动关系不明确，工伤无法认定	到当地人社局投诉；市人社局召开了协调会，要求监察大队和相关科室调查处理，现场调查，联系双方协商	用人单位支付赔偿金	15天

❶ 关于案例来源的说明：案例A、B、C、D、G、K来源于扬州司法行政网、四川法制新闻网、六安市政府官网等网站。

续表

编号	伤情	先期维权方式与结果	诉求表达方式与后续处理	最终维权结果	花费时间
E❶	当场死亡	双方就赔偿标准无法达成一致	遇难者家属求助村党支部书记；村党支部书记向镇工会联合会报告，总工会协调司法部门准备材料并带领县、镇、村三级工会干部与法律顾问陪同家属与项目部进行协商	签署赔偿协议，按月平均工资计算被抚养人生活费，项目公司一次性给付家属赔偿金	15天
F❷	左手手臂骨折、右手手指骨折	同用人单位协商未果	到当地政府反映；当地政府说服工程承包人赔偿	用人单位同意支付工伤赔偿金	2个月
G	死亡	同用人单位协商，因赔偿金额差距悬殊，协商未果	家属到当地政府哭诉，与警察发生抓扯；公安局约请人民法院对赔偿金进行核算	两名家属被刑事拘留，用人单位签署赔偿协议	3个月
H❸	九级伤残	伤残等级鉴定；未能同用人单位就赔偿款达成一致	家属阻碍生产，影响煤矿生产秩序；矿主主动要求调解，当地政府与调解中心组织调解	工伤者获得一次性工伤赔偿	3个小时

❶ 工伤维权之难，其中大有文章[EB/OL].(2017-12-19)[2019-06-18].http://www.sohu.com/a/211431198_100052387.

❷ 我办为广元农民工协调工伤赔偿金6万[EB/OL].(2013-08-12)[2019-07-18].http://sczsb.org.cn/list_.asp? id=154.

❸ 3小时成功调处时隔近1年的工伤赔偿纠纷案[EB/OL].(2013-08-27)[2019-09-17].http://www.yxx.gov.cn/2122/content_1373271.html.

续表

编号	伤情	先期维权方式与结果	诉求表达方式与后续处理	最终维权结果	花费时间
I❶	左手食指被压断、中指被压伤	同用人单位协商；用人单位只同意分期支付部分精神损失费	在“省长留言板”给省长留言；县委督查、县人社局、镇政府组成联合调查组赴用人单位调查，同用人单位协调	用人单位同意支付一次性补偿费用	2个月
J❷	全身大面积烫伤	直接起诉，被人民法院以“先裁后审理”为由驳回；企业以工伤者是临时工为由，在支付临时性补偿金后，不再支付其他医药费	向劳动保障监察大队投诉；当地调解委员会、安监站、劳保所对企业宣讲法律、法规	获得治疗费、康复费、生活费	1个月
K	右足骨折	开发商与承包商推诿，协商未果	找到调解委员会；安监站与劳保所对企业不按规定用工的行为进行管理	用人单位当场向工伤者支付一次性赔偿金	45天
L❸	一级伤残	伤残等级鉴定；雇主与矿方仅支付部分医疗费用，随后的人身损害赔偿事宜双方未能达成一致	找到总工会；人民法院、总工会和政府多部门协商进行强制执行	工伤者收到全部赔偿款	1年多

❶ 杨高宇. 受工伤被压断食指索赔碰壁，河南一工人给省长留言获帮助[EB/OL]. (2012-05-14) [2019-08-19]. https://news.ifeng.com/c/7fc83XYlh77.

❷ 赵桐岩、晁振源. 未签合同农民工出工伤单位不给医治监察员多方协调获赔偿50万元[EB/OL]. (2012-09-19) [2019-07-05]. http://right.workercn.cn/c/2012/09/19/120919101903161506522.html.

❸ 陕西工伤农民工获赔37万余元带着感激返乡[EB/OL]. (2012-01-09) [2022-07-28]. http://newpaper.dahe.cn/hngrrb/html/2012-01/09/content_649646.htm.

续表

编号	伤情	先期维权方式与结果	诉求表达方式与后续处理	最终维权结果	花费时间
M❶	右脚趾骨骨折	多次向该企业索要赔偿无果	找到法律援助中心、区政府；法律援助中心为伤者开辟绿色通道，指派律师为其承办案件进行沟通协商	完成诉前调解，当事人获得赔偿	不到 20 天
N❷	左侧多肋骨骨折，左侧肩胛骨骨折	工伤认定；用人单位在支付部分赔偿金后未按约定向当事人支付剩余的赔偿款	找到人社局、检察院；人社局予以工伤认定，检察院联系用人单位进行调解	双方达成和解，当事人拿到了应得的伤残赔偿款	1 年 2 个月
O❸	颈椎损伤并高位截瘫，四级伤残	工伤认定；伤残等级鉴定；用人单位对鉴定结果不服，仅支付了部分医疗费后未给予工伤待遇	劳动能力鉴定委员会、当地政府、劳动争议仲裁部门、人民法院多部门协调；政府对当事人给予帮扶，双方均不服劳动仲裁裁决遂向人民法院起诉，人民法院进行调解	用人单位分两次支付工伤赔偿金	6 年
P❹	十级伤残	伤残鉴定；双方就赔偿金额问题一直无法达成一致	劳动争议调解中心，检察院，多部门协商并参与调解并进行实地取证	签订调解协议，工伤者获得赔偿	6 个月

❶ 王西西. 锦旗和故事|法援助工伤获赔偿 农民工致谢赠锦旗[EB/OL].(2022-08-24)[2022-08-25]. https://www.163.com/dy/article/HFI5A4IR0543MBSX.html.

❷ 潇湘晨报. 名山区检察院以案释法化纠纷为农民工讨回 10 万元工伤赔偿款[EB/OL].(2021-10-20)[2022-07-28]. https://baijiahao.baidu.com/s?id=1714102647834079044&wfr=spider&for=pc.

❸ 武汉市中级人民法院. 我为群众办实事 | 历经 3 次鉴定,6 年后农民工工伤待遇有了着落[EB/OL].(2021-12-08)[2022-07-28]. https://baijiahao.baidu.com/s?id=1718546520029786072&wfr=spider&for=pc.

❹ 荆楚网. 农民工受伤遭遇"索赔难",青山区总工会调解回 17 万多元[EB/OL].(2022-08-25)[2022-08-28]. http://news.cnhubei.com/content/2022-08/25/content_15008545.html.

附录三 农民工通过诉讼确认劳动关系和工伤索赔的案件

案例编号	案件名称	案号	提起上诉的主体	劳动关系认定	工伤认定	伤残等级
1	李某、四川源鸿建设集团有限公司等劳动争议	（2021）川07民终3751号	劳动者	确认		
2	李某、四川德才建设工程有限公司劳动争议	（2021）川01民终17239号	劳动者	未认定		
3	刘某某、绵阳万紫荣建筑劳务有限公司等劳务合同纠纷	（2021）川07民终2727号	用人单位	认定		
4	绵阳佳成建设有限公司、周某劳动争议	（2021）川07民终1766号	用人单位	认定		
5	屈某、宜宾通际建设工程有限公司劳动争议	（2021）川15民终1931号	劳动者	未认定		
6	陈某某、成都市枫茂置业有限公司等劳动争议	（2021）川01民终17115号	劳动者	未认定		
7	何某、重庆康远洁公路工程有限责任公司等追索劳动报酬纠纷	（2021）川05民终1768号	劳动者	未认定		
8	贺某某、黄某某等劳务合同纠纷	（2021）川01民终18976号	劳动者	认定		
9	江苏省建筑工程集团有限公司、杨某某等劳动争议	（2021）川01民终17914号	用人单位	未认定		
10	蒋某某、深圳市弘泰建筑劳务有限公司等劳动争议	（2021）川20民终1340号	劳动者	认定		
11	赵某某、王某某等追索劳动报酬纠纷	（2022）川34民终117号	劳动者	未认定		

续表

案例编号	案件名称	案号	提起上诉的主体	劳动关系认定	工伤认定	伤残等级
12	郑某某、中交路桥建设有限公司等确认劳动关系纠纷	（2021）川 34 民终 1906 号	劳动者	未认定		
13	钟某、屏山县金诺建筑劳务有限公司劳动争议	（2021）川 15 民终 1679 号	劳动者	未认定		
14	四川军仁建筑工程有限公司、周某劳动争议	（2021）川 01 民终 16565 号	用人单位	认定		
15	宋某某、犍为县桫椤湖旅游开发有限公司职工破产债权确认纠纷	（2021）川 11 民终 1388 号	劳动者	未认定		
16	王某某、四川华南金旭建工集团有限公司确认劳动关系纠纷	（2021）川 14 民终 1542 号	劳动者	未认定		
17	尹某某、重庆康远洁公路工程有限公司等追索劳动报酬纠纷	（2021）川 05 民终 1764 号	劳动者	未认定		
18	陕西少华建筑工程有限公司雷波分公司、郑某某确认劳动关系纠纷	（2021）川 34 民终 1025 号	用人单位	认定		
19	胡某某与宣汉县鑫世纪物业管理有限公司劳动争议纠纷	（2021）川 17 民终 351 号	劳动者	未认定		
20	何某某、四川升森旺建筑劳务有限公司劳动争议	（2021）川 07 民终 4192 号	劳动者	未认定		
21	雷某某、中国华西企业股份有限公司确认劳动关系纠纷	（2021）川 34 民终 2201 号	劳动者	未认定		

续表

案例编号	案件名称	案号	提起上诉的主体	劳动关系认定	工伤认定	伤残等级
22	李某某、眉山市彭山区至诚工程建设有限责任公司等	（2021）川14民终781号	劳动者	未认定		
23	四川润哲建筑工程有限公司、吉某某某确认劳动关系纠纷	（2021）川34民终1289号	用人单位	未认定		
24	李某甲、李某乙等劳动争议	（2021）川01民终16690号	劳动者	未认定		
25	丰某某、刘某某等劳务合同纠纷	（2022）川34民终738号	劳动者、承包者	认定		
26	刘某、深圳市弘泰建筑劳务有限公司等劳动争议	（2021）川20民终1341号	劳动者	认定		
27	四川树德建设工程有限公司、李某某等劳务合同纠纷	（2022）川01民终2814号	用人单位	认定		
28	王某某、成都清源清洁有限责任公司劳动和社会保障行政管理（劳动、社会保障）	（2019）川01行终769号	劳动者		认定	
29	成都建工第七建筑工程有限公司、祝某某工伤保险待遇纠纷	（2021）川13民终106号	用人单位		认定	工亡
30	谢某某、四川福泰消防工程有限公司等劳动争议	（2021）川01民终21954号	劳动者	未认定	未认定	
31	郑某某、四川坤林建设工程有限公司劳动争议	（2022）川33民终12号	劳动者	未认定	认定	未达到伤残等级

续表

案例编号	案件名称	案号	提起上诉的主体	劳动关系认定	工伤认定	伤残等级
32	钟某某、合肥建工集团有限公司劳动争议	（2021）川 01 民终 770 号	劳动者、用人单位	未认定	认定	四级
33	福建泉州海鹏建筑劳务有限公司、王某某等提供劳务者受害责任纠纷	（2021）川 11 民终 1643 号	用人单位	认定	认定	九级
34	钟某某、四川阔展物流有限公司工伤保险待遇纠纷	（2019）川民再 196 号	劳动者	未认定（劳动者已主动解除劳动关系）	认定	四级
35	高某、四川弘鼎建筑工程有限公司工伤保险待遇纠纷	（2019）川民申 7111 号	劳动者	未认定	认定	
36	四川省通惠送变电有限责任公司、龙某某工伤保险待遇纠纷	（2021）川 01 民终 20104 号	用人单位	认定	认定	十级
37	天全县闽川金属制品有限公司、蔡某某劳动争议	（2021）川 18 民终 241 号	用人单位	认定	认定	四级
38	邓某某、四川龙发建筑装饰工程有限公司工伤保险待遇纠纷	（2021）川 01 民终 7513 号	劳动者、用人单位	认定	认定	四级
39	姜某某、廖某某、洪雅恒兴建筑工程有限公司劳动争议	（2020）川 14 民终 892 号	承包者	未认定	认定	八级
40	李某甲、李某乙劳动争议	（2020）川 01 民终 7612 号	劳动者、用人单位	认定	认定	三级

续表

案例编号	案件名称	案号	提起上诉的主体	劳动关系认定	工伤认定	伤残等级
41	梁某某、攀枝花煜盛建筑工程有限公司劳动争议	（2021）川04民终1023号	劳动者、用人单位	认定（劳动者已经解除劳动关系）	认定	七级
42	泸州兴华建设集团有限公司，王某生命权、健康权、身体权纠纷	（2021）川05民终590号	用人单位	认定	认定	七级
43	冉某某、四川省古典建筑工程有限公司追偿权纠纷	（2020）川15民终1467号	劳动者	未认定	认定	工亡
44	四川中航明杰建设工程有限公司、黄某某劳动争议	（2020）川34民终86号	用人单位	未认定	未认定	
45	谢某某、贵州建工集团有限公司等提供劳务者受害责任纠纷	（2021）川20民申16号	劳动者	未认定	认定	九级
46	张某某、刘某某工伤保险待遇纠纷	（2020年川06民终68号	劳动者	认定	认定	工亡
47	李某、徐某劳动争议	（2020）川01民终14977号	劳动者	认定	认定	工亡
48	李某某、四川凌众建设工程有限公司提供劳务者受害责任纠纷	（2018）川民再780号	劳动者	未认定	认定	二级
49	宋某某、赵某某提供劳务者受害责任纠纷	（2021）川34民终1912号	劳动者、雇主	未认定	认定	十级
50	朱某、贺某某工伤保险待遇纠纷	（2019）川05民终1464号	劳动者	认定	认定	三级

注：案件1~27只涉及劳动关系的认定，案件28~29涉及工伤认定和工伤赔偿，案件30涉及劳动关系认定和工伤认定，案件31~50既涉及劳动关系认定，又涉及工伤认定和赔偿。这50个案件中，除了案件45和案件48为再审案件，其余的案件都为二审。

后 记

经过多次修改、校对，本书即将问世。此时此刻，感慨良多，在此简要记述并呈现如下。

本书主要在于挖掘中国农民工多样化的维权方式，全面展现其维权途径，反映各级各地政府、劳动部门、仲裁机构、司法机关、人民调解组织各司其职，通力合作的工作机制和社会效果。2012 年，我读博士二年级时，就萌生了研究西部农民工工伤问题的想法，之后开始收集农民工相关文献、案例。2015 年，博士毕业后，对农民工问题的研究并未停止。2020 年完成了教育部课题——“西部农民工工伤赔偿实证研究——以 S 省 N 市五个区县为研究对象”。

十年间，我既是旁观者又是研究者，见证了中国西部农民工维权行为的变迁。这十年的变迁，让我们看到在乡村振兴，城镇化发展，乡村法治建设的过程中，中国劳动制度、社会保障制度的深刻变化与进步。当然，本书的研究也在一定程度展现了中国在城镇化进程中的痛点。

感谢教育部国家留学基金委员会为我提供了宝贵的公派赴美留学的机会，并提供了充足的生活资助。这让我在美国期间的学习与研究减少了后顾之忧。在美期间的研究成果为本书的成稿打下了扎实的基础。

在本书写作过程中，得到了四川省内江市、资阳市相关市、区（县）劳动部门、人民法院、律师事务所等单位的大力支持，他们为本书的写作提供了大量的案例、数据和资料，为作者进行对农民工维权模式进行实证研究，提供了基础。在此一并致谢!

感谢我所任教的单位——西华大学，她给了我施展才华的平台。感谢西华大学对教师教学、科研工作的大力支持。本书的出版得到了西华大学的支持，增强了我完成本书的信心与动力。

感谢我的家人多年的坚守和陪伴，他们的默默付出使我能够在搞好教学之余，倾尽时间和精力专注本书的写作并最终成稿。

中国农民工是一个庞大而伟大的社会群体，改革开放40多年以来，他们为国家的城市化建设、交通基础设施建设、水利电力建设，为各地脱贫攻坚和乡村振兴付出了辛勤的劳动，作出了巨大的贡献，为中国特色社会主义现代化进程写下了浓墨重彩的一笔。

中国农民工的社会地位日益提高，但是，由于农民工面宽量大，对其劳动保障、社会保障制度上需要更加完善。希望本书的出版能够抛砖引玉，有更多的专家、学者，致力于“三农”问题的研究，为推动乡村振兴，城镇化建设和乡村法治化建设献计献策，为实现中华民族伟大复兴做出积极贡献。

限于我的能力和水平，本书的部分见解和观点难免存在不足，甚至谬误之处，恳请予以批评指正，以便今后改进和提高。

刘人玮

2022年9月　于四川成都